吴晗讲明代简史

吴晗 著

河海大学出版社
HOHAI UNIVERSITY PRESS
·南京·

图书在版编目（CIP）数据

吴晗讲明代简史 / 吴晗著. -- 南京：河海大学出版社，2021.3
ISBN 978-7-5630-6592-9

Ⅰ. ①吴… Ⅱ. ①吴… Ⅲ. ①中国历史－研究－明代 Ⅳ. ①K248.07

中国版本图书馆CIP数据核字（2020）第237107号

书　　名 / 吴晗讲明代简史
　　　　　WU HAN JIANG MINGDAI JIANSHI
书　　号 / ISBN 978-7-5630-6592-9
责任编辑 / 毛积孝
特约编辑 / 何　薇　　叶青竹
特约校对 / 李　萍
出版发行 / 河海大学出版社
地　　址 / 南京市西康路1号（邮编：210098）
电　　话 /（025）83737852（总编室）
　　　　　（025）83722833（营销部）
经　　销 / 全国新华书店
印　　刷 / 三河市兴国印务有限公司
开　　本 / 880mm×1230mm　1/32
印　　张 / 7
字　　数 / 150千字
版　　次 / 2021年3月第1版
印　　次 / 2021年3月第1次印刷
定　　价 / 69.80元

《大师讲堂》系列丛书
▶ 总序

/吴伯雄

梁启超说:"学术思想之在一国,犹人之有精神也。"的确,学术的盛衰,关乎一个民族的精神气象与文化氛围。民国是一个动荡不安的时代,内忧外患,较之晚清,更为剧烈,中华民族几乎已经濒临亡国灭种的边缘。而就是在这样日月无光的民国时代,却涌现出了一批批大师,他们不但具有坚实的旧学基础,也具备超前的新学眼光。加之前代学术的遗产,西方思想的启发,古义今情,交相辉映,西学中学,融合创新。因此,民国是一个大师辈出的时代,梁启超、康有为、严复、王国维、鲁迅、胡适、冯友兰、余嘉锡、陈垣、钱穆、刘师培、马一孚、熊十力、顾颉刚、赵元任、汤用彤、刘文典、罗根泽……单是这一串串的人名,就足以使后来的学人心折骨惊,高山仰止。而他们在史学、哲学、文学、考古学、民俗学、教育学等各个领域所取得的成就,更是创造出了一个异彩纷呈的学术局面。

岁月如轮,大师已矣,我们已无法起大师于九原之下,领教大师们的学术文章。但是,"世无其人,归而求之吾书"(程子语)。

大师虽已远去，他们留下的皇皇巨著，却可以供后人时时研读。时时从中悬想其风采，吸取其力量，不断自勉，不断奋进。诚如古人所说："圣贤备黄卷中，舍此安求？"有鉴于此，我们从卷帙浩繁的民国大师著作当中，精心编选出版了这一套"大师讲堂系列丛书"，分辑印行，以飨读者。原书初版多为繁体字竖排，重新排版字体转换过程当中，难免会有鲁鱼亥豕之讹，还望读者不吝赐正。

　　吴伯雄，福建莆田人，1981年出生。2003年考入福建师范大学古代文学研究系，师从陈节教授。2006年获硕士学位。同年9月考入复旦大学中文系古代文学专业，师从王水照先生。2009年7月获博士学位。同年9月进入福建师范大学文学院古代文学教研室工作。推崇"博学而无所成名"。出版《论语择善》(九州出版社),《四库全书总目选》(凤凰出版社)。

目录

明成祖迁都北京 | 001

明代靖难之役与国都北迁 | 009

胡惟庸党案考 | 031

明初的恐怖政治 | 078

明成祖仁宗景帝之死及其他 | 093

北"虏"南倭问题 | 095

东林党之争 | 109

论晚明"流寇" | 125

建州女真问题 | 132

明代民族英雄于谦 | 141

海瑞的故事 | 155

论海瑞 | 174

况钟和周忱 | 201

明成祖迁都北京

上一次讲了明太祖定都南京。到了第三代明成祖（十三陵长陵埋的那个皇帝）时，把朝廷搬到北京来了。这件事情在历史上有什么意义？他当时为什么非迁都不可？

前面讲到，明太祖的军队打到北京以后，元顺帝跑掉了，元朝失去了在长城以内地区的统治权。尽管如此，元顺帝的军事力量、政治机构都还存在。因此，他经常派遣军队往南打，要收复失地。他认为这个地方是他的，他们已经统治了八九十年。而当时明朝的都城是在南京。为了抵抗蒙古的进攻，明太祖只好把他的许多儿子封在长城一线做塞王。可是现在情况变了，明成祖自己跑到南京去了；此外，原来封在热河的亲王叫宁王，宁王部下有大量蒙古骑兵。明成祖南下争夺帝位之前，先到热河，见到宁王就绑票，把宁王部下的蒙古骑兵都带过来了。他利用这些蒙古骑兵作为自己的军事主力，向南进攻取得了胜利。从此之后，他就不放宁王回热河，而把他封到江西去。这样一来,在长城以北原来可以抵抗蒙古军进攻的力量便没有了。原来他自己在北京,现在自己到了南京,因而就削弱了明太祖时代防御蒙古军进攻的力量,防御线有了缺口,顶不住了。因此,他不能不自己跑到北京来指挥军队,部署防御战。因为他自己经常在北京,当然政府里的许多官员也都跟来北京,北京慢慢变成了政治中心。于是他开始修建北京,扩建北京城,大体上是根据元朝的都城来改建的。元朝时北京南边的城墙在哪里呢?在现在的东西长安街。明朝就更往南了,东西长安街以南这个地区是明朝发展起来的。德胜门外五里的土城是元朝的北城,明朝往南缩了五里。明成祖营建北京是有个通盘安排的,他吸取了过去多少朝代的经验。所以街道很整齐,几条干线、支线把整个市区划成许多四四方方的小块。有比较完整的下水道系统,有许多中心建筑。从明成祖到北京以后,前后三十多年,重新把北京建成了。和这个时期的世界其他各国比较,北京是当时世界各国首都中建筑比较合理的、有规划的、最先进的城市。没有哪一个国家的首都比得上它。有人问:北京还有外城,外城是什么时候建筑的?外城的修建比较晚,是在公元 1550 年蒙古军包围北京的紧急情况下,为了保卫首都才修建的。但是因为这个工程太大,只修好了南边这一部分,其他部分就没有修了。至于现在的故宫、天坛那些主要建筑,也都是在那个时代打下的基础。应该说明,现在的故宫并不是原来的故宫,认为明成祖修的宫殿一直原封未动地保留到现在是错误的。故宫曾经过多次的扩建和改修。过去三大殿经常起火,烧掉了再修。起火原因很简单，就是太监放火。宫廷里有许多黑暗的事情，太监偷东西，偷到不可开交的时候，事情包不住了，就放火一烧了事。烧掉了再修，反正是老百姓出钱。明清两代宫廷里经常闹火灾就是这个道理。故宫的整个建筑面积有十七万平方米左右，光修故宫就用了二十年的时间。我们人民大会堂的建筑面积是十七万四千多平方米，比整个故宫的有效面积还大。明朝修了二十年，我们只修了不到一年的时间，这个比较是很有意思的。由于从明成祖一直到明英宗连续地营建北京，政治中心就由南京转到北京来了，北京成为国都了。

以北京作为一个政治、军事的中心，就近指挥长城一线的军事防御，抵抗蒙古族的军事进攻，保证国家的统一，从这一点来说，明成祖迁都北京是正确的。如果他不采取这个措施的话，历史情况将会怎样，就很难说了。

即使明成祖迁都北京，并集中了大量的军队在这里，但在明朝历史上还是发生了两次严重的军事危机。一次是在公元1449年，一次是在1550年，中间只相隔一百零一年。

第一次危机叫"土木之役"。土木是什么意思呢？在今天官厅水库旁边的怀来县，有一个地方叫土木堡。当时蒙古有一个部族叫瓦剌，它的领袖叫也先。也先带兵来打明朝，他的军事力量很强大，从几方面进攻，一方进攻辽东，一方攻打山西大同。那时明朝的皇帝英宗是个年轻人，完全没有军事知识，他相信太监王振。王振也是完全没有军事知识的。王振劝他自己带兵去抵抗，他就糊里糊涂带了五十万大军往当时正被瓦剌部队包围的大同跑。还没有到那里，大同的镇守太监郭敬就派人来向皇帝报告，说那里情况很严重，不能去。于是就班师回朝。王振是河北蔚县人，他想要英宗带着五十万大军到他家乡去玩玩，显显自己的威风。刚出发，他又一想，五十万大军所过之处，庄稼不就全踩完了！对自己的利益有损害，又不愿去了。这样来回一折腾，走到土木堡那个地方，敌人就追上来了。当时正确的办法应该是进入怀来城内坚守。下面的将军也要求进城。王振不干，命令部队就地扎营。但是这个地方附近没有水源，不宜于坚守。结果五十万大军一下子被敌人全部包围了，造成了必败的形势。在这个高地上待了两天，五十万人没吃没喝。到第三天他让部队改变营地。部队一改变营地，敌人就趁机冲锋。结果全军覆没，皇帝被俘虏了，王振也死于乱军之中，造成了很严重的军事危机。这是历史上最不光彩、最丢人的一次战争。

这时候北京怎么办呢？没有皇帝，五十万大军全部被消灭了，北京只剩下一些老弱残兵。情况很紧张。许多官员纷纷准备逃难，家在南方的主张迁都南京，认为北京反正守不住了。在这种情况下，比较有见解的兵部侍郎（相当于现在的国防部副部长）于谦反对迁都，他认为北京能够守住。如果迁都到南京去的话，北方没有一个政治中心，那么整个黄河以北的地区便都完了。他坚决主张抵抗，反对逃跑。他的主张得到了人民的支持，也得到了明英宗的兄弟郕王（不久即帝位，就是明景帝）的支持。于是就由于谦负责组织北京的保卫战。于谦组织了军事力量，安排了防御工作，跟人民一起保卫北京；并且在政治上提出了一套办法，他告诉所有的军事将领说：我们现在已经有了皇帝，要坚守地方。这样，加强了全城军民保卫北京的决心。果然，也先把俘虏去的明英宗带到城外诱降，说：你们的皇帝回来了，赶快开门。他以为这样可以不战而取得北京城。但是守城的官兵们依照于谦的指示，坚决地回答说：我们有了新的皇帝了。各地方都是坚决抵抗，没有一个受骗的。结果英宗在也先手里成了废物，不能起欺骗作用了。由于依靠了人民群众，北京的保卫战取得了胜利。这时，各地的援军也不断前来。也先见占不到便宜，便只好退兵。这样，北京保卫住了，整个黄河以北的地区保卫住了。

明英宗在也先手里起不了作用，有人就替也先出主意：明朝的皇帝留在这里没有用，还要养他，不如把他送回去，在明朝中央政权内制造弟兄俩之间的矛盾。这样，也先就把明英宗送了回来。明英宗回来后不能再做皇帝，被关起来了。八年之后，明景帝生了病，政府里有一派反对明景帝和于谦的人，还有一些不得志的军人、政客，他们把景帝害死，把英宗放出来重新做了皇帝。英宗出来之后，就把于谦杀害了。

明景帝和于谦对于保卫北京立下了很大的功劳，对人民是有功的。景帝是个好皇帝，他的坟墓不在十三陵。七八年以前，我和郑振铎同志一起在颐和园后面把他的坟墓找到了，并重新修理了一下，作为一个公园。因为他是值得我们纪念的。

从以上说的情况可以看出，如果不是建都在北京，那么1449年也先军队的进攻是很难抵抗的。

过了一百零一年，即 1550 年，蒙古的另外一个军事领袖俺答又率兵包围了北京。情况也非常严重。也是因为北京是一个首都，是一个政治和军事中心，经过艰苦的斗争，俺答也像也先一样，由于占不到便宜而退回去了。

北京在明朝历史上经受住了这样两次考验。由此可以说明明成祖迁都北京是必要的和正确的，无论从军事上和政治上来说，他都做对了。

但是，仅仅只把政治、军事中心建立在北京还是不够的。当时东边从辽东起，西边到嘉峪关止，敌人从任何地方都可以进来。当然，从山海关往西有一道万里长城。可是城墙是死的，没有人守还是不能起作用。所以，必须要在适当的军事要点布置强大的军事力量。因此，明朝政府在北方沿边一线设立了所谓"九边"。"九边"是逐步发展起来的。开始只建立了四个镇，即辽东、宣府、大同、延绥。跟着又增加了三个镇：宁夏、甘肃、蓟州。以后又加上太原、固原二镇。这九个军事要塞，在明朝合称"九边"，是专门对付蒙古族的。每一个军事中心都有很多军队，譬如明朝后期，光在蓟州这个地方就有十多万军队。

九边有大量的军队，北京也有大量的军队。这些军队吃什么呢？光依靠河北、山东、山西这几个地区的粮食是不够供应的，必须要从南边运粮食来。要运粮食，就要有一条运输线。当时没有公路、铁路，只能通过运河水运，把东南地区的粮食集中在南京，通过运河北上。一年要运三四百万石粮食来北京养活这些人。所以运河在当时是一条经济命脉。这种运输方法,当时叫作漕运。为了保护这条运输线的安全,明朝政府专门建立一个机构,派了十几万军队保护运河沿线。明朝是如此,清朝也是如此。

把军事、政治中心放在北京,北方的问题解决了。可是发生了另外一个问题:南方发生了事情怎么办?于是就把南京改为陪都。陪都也和首都一样,除了没有皇帝之外,其他各种组织机构,北京有一套,南京也有一套。北京有六部,南京也有六部。因为南京没有皇帝,便派一个皇帝亲信的人做守备。当时的大学叫国子监,国子监也有两个:一个叫"北监",一个叫"南监"。北监在北京,就在孔庙的旁边。北监、南监都刻了很多书,叫北监本和南监本。当然,陪都和首都也有区别,首都的六部(吏、户、礼、兵、刑、工,六部的部长叫尚书,副部长叫侍郎)有实权,而陪都的六部没有实权。所有的事情都集中在首都办。南京的这些官清闲得很,没有什么事情可做。这些人大都是些政治上不得志的人,在北京站不住脚,有的年纪大了,做不了什么事,就要他到南京去做一个闲官,有饭吃,有地位,可是没有什么事情可做。我们研究这个时代的历史要了解这一点。那么,他在南方搞一套机构的目的是什么呢?第一,以南京为中心来保护运河交通线;第二,以南京为中心,加强对南方人民的统治。南方各个地区发生了人民的反抗斗争,就可以就近处理、镇压。

明成祖迁都北京,这不但是抵抗蒙古族南下的一个最重要的措施,同时也为北京附近地区生产的发展、文化水平的提高、都市的繁荣创造了有利的条件。有了这个基础,清朝入关后才能继续建都北京。我们在全国解放之后,才有条件继续建都北京。这是一个历史发展的过程。我们国家建都北京,是经过了慎重、周密的考虑的。当时在讨论这个问题时,也有人提出不同的意见,他们认为北京是一个学术中心,首都最好建在别的地方,不要建在北京。北京一建都,就成为政治中心了。这些人认为政治是很不干净的东西,所以反对建都北京。甚至在我们建都北京之后,还有不同的论调。一些人认为旧北京城不能适应我们今天的政治要求,因此应该在复兴门外建一个新北京,把旧北京甩开。他们举了很多条理由。但是我们有一条:北京在 1949 年有一百几十万人口,你要把国家的中央机关放在复兴门外,孤孤单单地和人民脱离了,这在政治上是错误的。过去十几年以来,不断有这样的争论。现在事实证明:第一,今天建都北京是正确的;第二,在北京的旧基础上来扩建新北京也是正确的。中央机关——无产阶级的最高政权机关脱离人民行不行呢?当然不行,那是原则性的错误。当然还有其他方面的争论,今天不能多讲了。这是从明成祖迁都北京,顺便讲到我们今天的北京。

明代靖难之役与国都北迁

一、明太祖的折中政策

自称为淮右布衣,出身于流氓而做天子的朱元璋,在得了势力称王建国之后,最惹他操心的问题:第一是怎样建立一个有力的政治中心,建立在何处。第二是用什么方法来维持他的统治权。

明太祖在初渡江克太平时(至正十五年六月,1355),当涂学者陶安出迎:

> 太祖问曰:"吾欲取金陵,何如?"安曰:"金陵古帝王都,取而有之,抚形胜以临四方,何向不克?"太祖曰:"善!"

至正十八年(1358)叶兑献书论取天下规模:

> 今之规模，宜北绝李察罕（元将察罕帖木儿），南并张九四（吴张士诚），抚温、台，取闽、越，定都建康，拓地江、广，进则越两淮以北征，退则画长江而自守。夫金陵古称龙蟠虎踞，帝王之都，藉其兵力资财，以攻则克，以守则固。

部将中冯国用亦早主定都金陵之说：

> 洪武初定淮甸，得冯国用，问以天下大计。国用对曰："金陵龙蟠虎踞，真帝王之都，愿先渡江取金陵，置都于此。然后命将出师，扫除群寇，倡仁义以收人心，天下不难定也。"上曰："吾意正如此"。

参酌诸谋士的意见，经过了长期的考虑后，以至正二十六年（1366）六月拓应天城，做新宫于钟山之阳，至次年九月新宫成。这是吴王时代的都城。同月灭吴张士诚，十月遣徐达等北伐。十二月取温、台，降方国珍，定山东诸郡县。

至正二十八年（1368）正月吴王称帝，改元洪武，汤和平福建，四月平广东、河南。七月广西平。八月徐达率师入大都，元帝北走。十二月山西平。二年八月陕西平，南北一统。四年夏明升降，四川平。十五年平定云南。二十年元纳哈出降，辽东归附，天下大定。在这一长时期中，个人的地位由王而帝，所统辖的疆域由东南一隅而扩为全国。元人虽已北走，仍保有不可侮的实力，时刻有南下恢复的企图。同时沿海倭寇的侵轶也成为国防上的重大问题。在这样的情形之下，帝都的重建和国防的设计是当时朝野所最瞩目的两大问题。

基于天然环境的限制，东南方面沿海数千里时时处处有被倭寇侵犯的危险，东北方面长城外即是蒙古人的势力，如不在险要处屯驻重兵，则黄河以北便非我有。防边须用重兵，如以兵权付诸将，则恐尾大不掉，有形成藩镇跋扈的危险。如以重兵直隶中央，则国都必须扼驻边界，以收统辖指挥之效。东南是全国的经济中心，东北为国防关系，又必须成为全国的军事中心。国都如建设在东南，则北边空虚，不能防御蒙古人的南侵；如建设在北边，则国用仍须仰给东南，转运劳费，极不合算。

在政治制度方面，郡县制和封建制的选择，也成为当前的难题。秦、汉、唐、宋之亡，没有强藩屏卫是许多原因中之一。周代封建藩国，则又枝强干弱，中央威令不施。这两者中的折中办法，是西汉初期的郡国制。一面设官分治集大权于中央，一面又封建子弟，使为国家捍御。这样一来，设国都于东南财赋之区，封子弟于东北边防之地，在经济上，在军事上，在统治权的永久维持上都得到一个完满的解决。这就是明太祖所采用的折中政策。

二、定都南京

　　明太祖定都南京的重要理由是受经济环境的限制。第一因为江、浙富饶为全国冠，所谓"财赋出于东南，而金陵为其会"。第二是吴王时代所奠定的宫阙，不愿轻易弃去。且若另建都邑，则又须重加一层劳费。第三从龙将相都是江、淮子弟，不愿轻去乡土。洪武元年四月取汴梁后，他曾亲到汴梁去视察，觉得虽然地位适中，可是四面受敌，形势还不及南京。在事实上，则西北未定，为转饷屯军计，不能不有一个军事上的后方重地，以便策应。于是仿成周两京之制以应天（金陵）为南京，开封为北京。二年八月陕西平。九月以临濠（安徽凤阳）为中都，事前曾和廷臣集议建都之地：

　　上召诸老臣问以建都之地，或言关中险固，金陵天府之国。或言洛阳天地之中，四方朝贡道里适均。汴梁亦宋之旧京。又言北平元之宫室完备，就之可省民力。上曰："所言皆善，惟时有不同耳。长安、洛阳、汴京实周、秦、汉、魏、唐、宋所建国。但平定之初，民力未苏息，朕若建都于彼，供给力役悉资江南，重劳其民。若就北平，要之宫室不能无更，亦未易也。今建业长江天堑，龙蟠虎踞，江南形胜之地，真足以立国。临濠则前江后淮，以险可恃，以水可漕，朕欲以为中都。何如？"群臣称善。至是始命有司建置城池宫阙，如京师之制焉。

在营建中都时，刘基曾持反对的论调，以为"凤阳虽帝乡，非建都地"。八年四月罢营中都。

洪武十一年（1378）以南京为京师。太祖对于建都问题已经踌躇了十年，到这时才决定。可是为着要控制北边，仍时时有迁都的雄心。选定的地点仍是长安、洛阳和北平。当时献议都长安的有胡子祺：

> 洪武三年以文学选为御史，上书请都关中。帝称善，遣太子巡视陕西。后以太子薨，不果。

他的理由是：

> 天下形胜地可都者四。河东地势高，控制西北，尧尝都之，然其地苦寒。汴梁襟带河、淮，宋尝都之，然其地平旷，无险可凭。洛阳周公卜之，周、汉迁之，然嵩、邙非有都函、终南之阻，涧、瀍、伊、洛非有泾、渭、灞浐之雄。夫据百二河山之胜，可以耸诸侯之望，举天下莫关中若也。

皇太子巡视陕西在洪武二十四年。则太祖在十一年定都南京以

后仍有都长安之意。皇太子巡视的结果,主张定都洛阳:

> 太祖以江南地薄,颇有迁都之意。八月命皇太子往视关、洛。皇太子志欲定都洛阳,归而献地图。明年四月以疾薨。

郑晓记此事始末,指出迁都的用意在控制西北:

> 国朝定鼎金陵,本兴王之地。然江南形势终不能控制西北,故高皇时已有都汴、都关中之意,以东宫薨而中止。

《明史》记:

> 太子还,献陕西地图,遂病。病中上言经略建都事。

是则假使太子不早死,也许在洪武时已迁都到洛阳或长安了。又议建都北平:

> 逮平陕西,欲置都关中。后以西北重地非自将不可,议建都于燕,以鲍频力谏而止。

何孟春记鲍频谏都北平事说:

太祖平一天下，有北都意。尝御谨身殿亲策问廷臣曰："北平建都可以控制边塞，比南京何如？"修撰鲍频对曰："元主起自沙漠，立国在燕今百年，地气天运已尽，不可因也。南京兴王之地，宫殿已完，不必改图。传曰：'在德不在险也'"。

明太祖晚年之想迁都，次要的原因是南京新宫风水不好。顾炎武记：

南京新宫吴元年作。初大内填燕尾湖为之，地势中下南高而北卑。高皇帝后悔之。二十五年祭光禄寺灶神文曰："朕经营天下数十年，事事按古有绪。维宫城前昂后洼，形势不称，本欲迁都。今朕年老，精力已倦。又天下新定，不欲劳民，且兴废有数，只得听天。惟愿鉴朕此心，福其子孙"。

由此看来，从洪武初年到二十四年这一时期中，明太祖虽然以南京作国都，可是为了控制北边的关系，仍时时有迁都的企图。迁都到北边最大的困难是漕运艰难，北边硗瘠，如一迁都，则人口必骤然增加，本地的粮食不能自给，必须仰给东南，烦费不赀。次之重新创建城地宫阙，财力和人力耗费过多。懿文太子死后，这老皇帝失去勇气，就从此不再谈迁都了。

三、封建诸王

洪武二年四月编《祖训录》，定封建诸王之制。在沿边要塞，均置王国：

明兴，高皇帝以宋为惩，内域削弱，边圉勿戚，使胡人得逞中原而居闰位。于是大封诸子，连亘边陲。北平天险，为元故都，以王燕。东历渔阳、卢龙、出喜峰，包大宁，控塞葆山戎，以王宁。东渡榆关，跨辽东，西并海被朝鲜，联开原，交市东北诸夷，以王辽。西按古北口，濒于雍河，中更上谷、云中，巩居庸，蔽雁门，以王谷代。雁门之南，太原其都会也，表里河山，以王晋。逾河而西，历延、庆、韦、灵，又逾河北，保宁夏，倚贺兰，以王庆。兼毂、陇之险，周、秦都圻之地，牧圳之野，直走金城，以王秦。西渡河领张掖、酒泉诸郡，西扃嘉峪，护西域诸国，以王肃。此九王者皆塞王也，莫不敷险陋，控要害，佐以元戎宿将，权崇制命，势匹抚军，肃清沙漠，垒帐相望。

在内地则有：

周、齐、楚、潭、鲁、蜀诸王，护卫精兵万六千余人，牧马数千匹，亦皆部兵耀武，并列内郡。

洪武五年置亲王护卫指挥使司，每府设三护卫。护卫甲士少者三千人，多者至一万九千人。王国中央所派守镇兵亦得归王调遣：

凡王国有守镇兵，有护卫兵。其守镇兵有常选指挥掌之。其护卫兵从王调遣。如本国是险要之地，遇有警急，其守镇兵、护卫兵并从王调遣。

守镇兵之调发，除御宝文书外并须得王令旨方得发兵：

凡朝廷调兵须有御宝文书与王，并有御宝文书与守镇官。守镇官既得御宝文书，又得王令旨，方许发兵。无王令旨，不得发兵。

扼边诸王尤险要者，兵力尤厚。如宁王所部至"带甲八万，革车六千，所属朵颜三卫骑兵皆骁勇善战"。洪武十年又以羽林等卫军益秦、晋、燕三府护卫。时蒙古人犹图恢复，屡屡南犯。于是徐达、冯胜、傅友德诸大将数奉命往北平、山西、陕西诸地屯田练兵，为备边之计。又诏诸王近塞者每岁秋勒兵巡边，远涉不毛，校猎而还，谓之肃清沙漠。诸王封并塞居者皆预军务，而晋、燕二王尤被重寄，数命将兵出塞及筑城屯田，大将如宋国公冯胜、颍国公傅友德皆受节制。洪武二十六年三月诏二王军务大者始以闻，由此军中事皆得专决。一方面又预防后人懦弱，政权有落于权臣和异姓人之手的危险，特授诸王以干涉中央政事之权。诸王有权移文中央索取奸臣：

  若大臣行奸，不令王见天子，私下傅致其罪而遇不幸者，到此之时，天子必是昏君。其长史司并护卫移文五军都督府索取奸臣，都督府捕奸臣奏斩之，族灭其家。

甚至得举兵入清君侧：

  如朝无正臣，内有奸恶，则亲王训兵待命。天子密诏诸王统领镇兵讨平之。

又怕后人变更他的法度，把一切天子亲王大臣所应做和不应做的事都定为祖训，叫后人永远遵守。洪武二十八年九月正式颁布《皇明祖训条章》于中外，并下令后世有言更祖制者以奸臣论。由此诸王各拥重兵，凭据险厄，并得干涉国事，在军事上和政治上都握大权，渐渐地酿成了外重内轻之势。

分封过制之害，在洪武九年叶伯巨即已上书言之。他说：

  先王之制，大都不过三国之一，上下等差，各有定分，所以强干弱枝，遏乱源而崇治本耳。今裂土分封，使诸王各有分地，盖惩宋、元孤立，宗室不竞之弊。而秦、晋、燕、齐、梁、楚、吴、蜀诸国，无不连邑数十，城郭宫室亚于天子之都，优之以甲兵卫土之盛。臣恐数世之后，尾大不掉，然后削其地而夺之权，则必生觖望，甚者缘间而起，防之无及矣……愿及诸王未之国之先，节其都邑之制，减其卫兵，限其疆理，亦以待封诸王之子孙。此制一定，然后诸王有贤且才者入为辅相，其余世为藩屏，与国同休。割一时之恩，制万世之利，消天变而安社稷，莫先于此。

书上，以离间骨肉坐死。其实这时诸王止建藩号，尚未就国，有远见的人已经感觉到不安的预兆了。到洪武末年诸王数奉命出塞，强兵悍卒，尽属麾下，这时太祖衰病，皇太孙幼弱，也渐渐地感觉到强藩的迫胁了。有一次他们祖孙曾有如下的谈话：

先是太祖封诸王，辽、宁、燕、谷、代、晋、秦、庆、肃九国皆边虏，岁令训将练兵，有事皆得提兵专制便防御。因语太孙曰："朕以御虏付诸王，可令边尘不动，贻汝以安。"大孙曰："虏不靖，诸王御之，诸王不靖，孰御之？"太祖默然良久，曰："汝意何如？"太孙曰："以德怀之，以礼制之，不可则削其地，又不可则废置其人，又其甚则举兵伐之。"太祖曰："是也，无以易此矣"。

太孙又和黄子澄密谋定削藩之计：

> 惠帝为皇大孙时，尝坐东角门，谓子澄曰："诸王尊属拥重兵，多不法，奈何？"对曰："诸王护卫兵才足自守，倘有变，临以六师，其谁能支？汉七国非不强，卒底亡灭。大小强弱势不同，而顺逆之理异也。"太孙是其言。

即位后高巍、韩郁先后上书请用主父偃推恩之策："在北诸王，子弟分封于南；在南，子弟分封于北。如此则藩王之权，不削而自削"。当局者都主削藩，不用其计而靖难师起。

四、靖难

明太祖在位三十一年（1368—1398），皇太子标早卒，太孙允炆继位，是为惠帝（1399—1402）。时太祖诸子第二子秦王樉、第三子晋王㭎均先卒，四子燕王棣、五子周王橚及齐、湘、代、岷诸王均以尊属拥重兵，多不法，朝廷孤危。诸王中燕王最雄杰，兵最强，尤为朝廷所嫉。惠帝用黄子澄、齐泰计谋削藩：

> 泰欲先图燕。子澄曰："不然。周、齐、湘、代、岷诸王，

在先帝时尚多不法,削之有名。令欲问罪,宜先周。周王,燕之母弟,削周是削燕手足也"。

定计以后,第一步先收回王国所在地之统治权,下诏"王国吏民听朝廷节制,惟护卫官军听王"。建文元年二月又"诏诸王毋得节制文武吏士"。收回兵权及在王国之中央官吏节制权。洪武三十一年八月废周王橚为庶人。建文元年四月湘王柏惧罪自焚死,齐王榑、代王桂有罪,废为庶人。六月废岷王梗为庶人。

燕王智勇有大略,妃徐氏为开国元勋徐达女,就国后,徐达数奉命备边北平,因从学兵法。徐达死后,诸大将因胡惟庸、蓝玉两次党案诛杀殆尽,燕王遂与秦、晋二王并当北边御敌之任。洪武二十三年正月与晋王率师往讨元丞相咬住、太尉乃儿不花,征虏前将军颍国公傅友德等皆听节制。三月师次迤都,咬住等降。获其全部而还,太祖大喜。是后屡率诸将出征,并令王节制沿边士马,威名大震。二十四年四月督傅友德诸将出塞,败敌而还。二十六年三月冯胜、傅友德备边山西、北平,其属卫将校悉听晋王、燕王节制。二十八年正月率总兵官周兴出辽东塞,自开原追敌至甫答迷城,不及而还。二十九年率师巡大宁,败敌于彻彻儿山,又追败之于兀良哈秃城而还。三十一年率师备御开平。太祖崩后,自以为三兄都已先死,伦序当立,不肯为惠帝下。周、湘诸藩相继得罪,遂决意反,阴选将校,勾军卒,收才勇异能之士,日夜铸军器。建文元年七月杀朝廷所置地方大吏,指齐泰、黄子澄为奸臣,援引祖训,入清君侧,称其师曰"靖难"。

兵起时惠帝正在和方孝孺、陈迪一些文士讨论周官法度,更定官制,讲求礼文。当国的齐泰、黄子澄也都是书生,不知兵事,以旧将耿炳文为大将往讨。八月耿炳文兵败于滹沱河,即刻召还,代以素不知兵的勋戚李景隆。时燕王已北袭大宁,尽得朵颜三卫劲骑而南。景隆乘虚攻北平,不能克,燕王回兵大破之。二年四月燕王又败景隆兵于白沟河、德州。进围济南,三月不克,为守将盛庸所掩击,大败解围去。九月盛庸代李景隆为大将军。十二月大败燕兵于东昌,燕大将张玉战死,精锐丧失几尽。三年燕兵数南下,胜负相当。所攻下的城邑,兵回又为朝廷据守,所据有的地方不过北平、保定、永平三府。恰好因惠帝待宫中宦官极严厉,宦官被黜责的逃奔燕军,告以京师虚实。十二月复出师南下。朝廷遣大将徐辉祖(达子,燕王妃兄)出援山东,与都督平安大败燕兵于齐眉山。燕军谋遁还。惠帝又轻信谣言,以为燕兵已退,一面也不信任徐辉祖,召之还朝。前方势孤,相继败绩。燕兵遂渡淮趋扬州,江防都督陈瑄以舟师迎降,径渡江进围南京,谷王橞及李景隆开金川门迎降,宫中火起,惠帝不知所终。燕王入京师即帝位,是为成祖(1403—1424)。

成祖入南京后做的第一件事是对主削藩议者的报复,下令大索齐泰、黄子澄、方孝孺等五十余人,榜其姓名曰奸臣,大行屠杀,施族诛之法,族人无少长皆斩,妻女发教坊司,姻党悉戍边。方孝孺之死,宗族亲友前后坐诛者至八百七十三人。万历十三年(1585)

释坐孝孺谪戍者后裔凡千三百余人。即位后的第一件事是尽复建文中所更改的一切成法和官制，表明他起兵的目的是在拥护祖训和问惠帝擅改祖宗成法之罪。由此《祖训》成为明朝一代治国的经典，太祖时所定的法令到后来虽然时移事变，也不许有所更改。太祖时所曾施行的制度，也成为有明一代的金规玉律，无论无理到什么地步，也因为是祖制而不敢轻议。内中如锦衣卫和廷杖制，最为有明一代的弊政。为成祖所创的有宦官出使专征监军分镇的制度，和皇帝的侦察机关东、西厂。

五、锦衣卫和东、西厂

锦衣卫和东、西厂，明人合称为厂卫。锦衣卫是外廷的侦察机关，东、西厂则由宦官提督，最为皇帝所亲信，即锦衣卫也在其侦察之下。

锦衣卫初设于明太祖时，是皇帝的私人卫队。其下有镇抚司，专治刑狱，可以直接取诏行事，不必经过外廷法司的手续。锦衣卫的主要职务是"察不轨妖言人命强盗重事"，专替皇帝侦察不忠于帝室的和叛逆者，其权力在外廷法司之上。洪武二十年（1387）曾一度取消锦衣卫的典诏狱权。到了成祖由庶子篡逆得位，自知人心不附，兼之内外大臣都是惠帝的旧臣，深恐惠帝未死，诸臣或有复国的企图，于是恢复锦衣卫的职权，使之活动，以为钳制臣民之计。

另一方面又建立了一个最高侦察机关叫东厂。因为在起兵时很得了惠帝左右宦官的力量，深信宦官的忠心，赋以"缉访谋逆妖言大奸恶等"的职权。以后虽时革时复，名义也有时更换（如西厂、外厂、内行厂之类），但其职权及地位则愈来愈高，有任意逮捕官吏、平民和任意刑讯处死的权力。

靖难兵起时宦官狗儿、郑和等以军功得幸，即位后遂加委任。有派做使臣的，如永乐元年（1403）遣内官监李兴出使暹罗，马彬出使爪哇诸国。三年遣太监郑和出使西洋。有派做大将的，如永乐三年之使中官山寿率兵出云州觇敌。又因各地镇守大将多为惠帝旧臣，特派宦官出镇和监军，使之伺察，永乐元年命内臣出镇及监京营军。出镇的例如马靖镇甘肃，马骐镇交阯，监军的如王安之监都督谭青军。由是司法权和兵权都慢慢地落在宦官手中。宣德以后，人主多不亲政事，内阁的政权也渐渐地转到内廷司礼监手中去了。在外则各地镇守太监成为地方最高长官，积重难返，形成一种畸形的阉人政治。英宗时的王振、曹吉祥，宪宗时的汪直、梁芳，武宗时的刘瑾，神宗时的陈增、高淮，熹宗时的魏忠贤，思宗时的曹化淳、高起潜，莫不窃弄政柄，祸国殃民，举凡军事、外交、内政、财政、司法一切国家大政，都由宦官主持，甚至阁臣之用黜都以宦官的好恶为定。他们只图私人生活的享乐，极力搜刮掊敛，榨取民众的血汗，诱导皇帝穷奢极欲，大兴土木祷祠，对外则好大喜功，生衅外族，驯至民穷财尽，叛乱四起。外廷的士大夫与之相抗的都被诛杀、放逐，由此朝廷分为两党，一派附和宦官，希图富贵，甘为鹰犬；一派则极力攻击，欲将政权夺回内阁，建设清明的政府。阉人和士人两派势力互为消长，此仆彼兴，一直闹到亡国。

廷杖也是祖制的一种，太祖时曾杖死工部尚书薛祥，鞭死永嘉侯朱亮祖父子。以后一直沿用，正德十四年（1519）以谏止南巡廷杖舒芬等百四十六人，死者十一人。嘉靖三年（1524）群臣争大礼，廷杖丰熙等百三十四人，死者十六人。内外大臣一拂宦官或皇帝之意，即时廷杖，由锦衣卫执行，打而不死者或遣戍边地，或降官，或仍旧衣冠办事。宣宗时又创立枷之刑，国子祭酒李时勉至荷枷国子监前。直到熹宗时魏忠贤杖死万燝，大学士叶向高以为言，忠贤乃罢廷杖，把所要杀的人都下镇抚司狱，用酷刑害死，算是代替了这一祖制。

锦衣卫，东、西厂和廷杖制原都是为镇压反对势力，故意造成恐怖空气，使臣民慑于淫威不敢反侧的临时设施。一经施用，大小臣民都惴惴苟延，不知命在何日。太祖时朝官得生还田里，便为大幸。皇帝的威权由之达于顶点。这三位一体的恐怖制度使专制政体的虐焰高得无可再高，列朝的君主也有明知这制度的残酷不合理，但是第一为着维系个人的威权，第二因为这是祖制，所以因仍不废。英宗以来的君主多高拱深宫，宦官用事，利用这制度来树威擅权，排斥异己，虽然经过若干次士大夫的抗议，终归无效。一直到亡国才自然消灭，竟和明运相终始。

六、迁都北京

成祖以边藩篡逆得位，深恐其他藩王也学他的办法再来一次靖难，即位之后，也采用惠帝的削藩政策，依次收诸藩兵权，非惟不使干预政事，且设立种种苛禁以约束之。建文四年（1402）徙谷王于长沙，永乐元年徙宁王于南昌，以大宁地界从靖难有功之朵颜、福余、泰宁三卫，以偿前劳。削代王、岷王护卫。四年削齐王护卫，废为庶人。十年削辽王护卫（辽王已于建文元年徙荆州）。十五年谷王以谋反废。十八年周王献三护卫。尽削诸王之权，于护卫损之又损，必使其力不足与一镇抗。到宣宗时汉王高煦，武宗时安化王寘鐇、宁王宸濠果然援例造反，遂更设为厉禁，诸王行动不得自由，即出城省墓亦须奏请。二王不得相见，受封后即不得入朝。甚至在国家危急时，出兵勤王亦所不许。只能衣租食税，凭着王的位号在地方上作威福，肆害官民。王以下的宗人生则请名，长则请婚于朝，禄之终身，丧葬予费。仰食于官，不使之出仕，又不许其别营生计，"不农不仕，吸民膏髓"。生齿日藩，国力不给，世宗时御史林润言：

天下岁供京师粮四百万石，而诸府禄米凡八百五十三万石。以山西言，存留百五十二万石，而宗禄三百十二万。以河南言，存留八十四万三千石，而宗禄百九十二万。

不得已大加减削，宗藩日困。枣阳王祐楒"请除宗人禄，使以四民业自为生，贤者用射策应科第"，不许。万历二十二年（1594）郑靖王世子载堉请许宗室皆得儒服就试，毋论中外职，中试者视才品器使，从此宗室方得出仕。国家竭天下之力来养活十几万游荡无业的贵族游民，不但国力为之疲敝不支，实际上宗室又因不能就业而陷于贫困，势不能不作奸犯法，扰害平民。这也是当时创立"祖制"的人所意想不到的。

成祖削藩的结果，宁、谷二王内徙，尽释诸王兵权，北边空虚。按照当时的情势，"四裔北边为急，倏来倏去，边备须严。若畿甸去远而委守将，则非居重取轻之道"。于是有迁都北京之计，以北京为行在，屯驻重兵，抵御蒙古人的入侵：

　　太宗靖难之勋既集，切切焉为北顾之虑，建行都于燕，因而整戈秣马，四征弗庭，亦势所不得已也。銮舆巡幸，劳费实繁。易世而后，不复南幸，此建都所以在燕也。

合军事与政治中心为一，以国都当敌。朱健曾为成祖迁都下一历史的地理的解释。他说：

　　自古建立都邑，率在北土，不止我朝，而我朝近敌为甚。

且如汉袭秦旧都关中，匈奴入寇，烽火辄至甘泉，唐袭隋旧都亦都关中，吐蕃入寇，辄到渭桥。宋袭周旧都汴，西无灵夏，北无燕、云，其去契丹界直浃旬耳。景德之后亦辄至澶渊。三治朝幅员善广矣，而定都若此者何？制敌便也。我朝定鼎燕京，东北去辽阳尚可数日，去渔阳百里耳。西北去云中尚可数日，去上谷亦仅倍渔阳耳。近敌便则常时封殖者尤勤，常时封殖则一日规划措置者尤亟。是故去敌之近，制敌之便，莫有如今日者也。

建都北京的最大缺点是北边粮食不能自给，必须仰给东南。海运有风波之险，由内河漕运则或有时水涸，或被"寇盗"所阻，稍有意外，便成问题：

> 今国家燕都可谓百二山河，天府之国，但其间有少不便者，漕粟仰给东南耳。运河自江而淮，自淮而黄，自黄而汶，自汶而卫，盈盈衣带，不绝如线，河流一涸，则西北之腹尽枵矣。元时亦输粟以供上都，其后兼之海运。然当群雄奸命之时，烽烟四起，运道梗绝，惟有束手就困耳。此京师之第一当虑者也。

要解决这两个困难，则第一必须大治河道，第二必须仍驻重兵于南京，镇压东南。成祖初年，转漕东南，水陆兼挽，仍元人之旧，参用海运，而海运多险，陆运亦艰。九年命宋礼开会通河，十三年陈瑄凿清江浦，通北京漕运，直达通州，而海陆运俱废。运粮官军十二万人，有漕运总兵及总督统之。十九年（1421）迁都北京后，以南京为留都，仍设五府六部官，并设守备掌一切留守防护之事，节制南京诸卫所。

永乐元年以北平为北京。四年诏以明年五月建北京宫殿。十八年北京郊庙宫殿成，诏以北京为京师，不称行在。在实际上，自七年以后，成祖多驻北京，以皇太子在南京监国。自邱福征本雅失里汗败死后，五入漠北亲征。自十五年北巡以后，即不再南返。南京在事实上，从七年北巡后即已失去政治上的地位，十九年始正式改为陪都。

迁都之举，当时有一部分人不了解成祖的用心，力持反对论调：

初以殿灾诏求直言，群臣多言都北京非便。帝怒，杀主事萧仪，曰："方迁都时，与大臣密议，久而后定，非轻举也"。

仁宗即位（1425）后，胡濙从经济的立场"力言建都北京非便，请还南都，省南北转运供亿之烦"。于是又定计还都南京，洪熙元年三月诏北京诸司悉称行在。五月仁宗崩，迁都之计遂又搁置不行。一直到英宗正统六年（1441）北京三殿两宫都已告成，才决定定都北京，诏文武诸司不称行在，仍以南京为陪都。

成祖北迁以后，三面临敌，边防大重。东起鸭绿，西抵嘉峪，绵亘万里，分地守御。初设辽东、宣府、大同、延绥四镇，继设宁夏、甘肃、蓟州三镇，又加上太原、固原，是为九边。每边各设重兵，统以大将，副以褊裨，监以宪臣，镇以开府，联以总督，无事则画地防守，有事则犄角为援。失策的是即位后即徙封宁王于江西，把大宁一带地，送给从征有功的朵颜三卫，自古北口至山海关隶朵颜卫，自广宁前屯卫西至广宁镇白云山隶泰宁卫，自白云山以北至开原隶福余卫。而幽燕东北之险，中国与夷狄共之，胡马疾驰半日可抵关下。辽东广宁、锦义等城自此与宣府、怀来隔断，悬绝声不相联。又以东胜孤远难守，调左卫于永平，右卫于遵化而墟其地。兴和为阿鲁台所攻，促治宣府卫城而所地遂虚。开平为元故都，地处极边，西接兴和而达东胜，东西千里，最为要塞。自大宁弃后，宣、辽隔绝，开平失援，胡虏出没，饷道艰难，宣德五年（1430）从薛禄议，弃开平，徙卫于独石。后来"三岔河弃而辽东悚，河套弃而陕右警，西河弃而甘州危"，国防遂不可问。初期国力尚强，对付外敌的方法是以攻为守，太祖、成祖、宣宗三朝并大举北征，以兵力逼蒙古人远遁，使之不敢近塞。英宗以后国力渐衰，于是只以守险为上策，坐待敌来，诸要塞尽弃而边警由之日亟。正统十四年（1449）瓦剌也先入寇围北京。嘉靖二十九年（1550）鞑靼俺答入寇薄都城。这两次的外寇都因都城兵力厚不能得志，焚掠近畿而去。崇祯十七年（1644）李自成北上，宣府和居庸的守臣都开门迎降，遂长驱进围北京，太监曹化淳又开门迎入，明遂亡。由此看来，假如成祖当时不迁都北京，自以身当敌冲，也许在前两次蒙古人入犯时，黄河以北已不可守，宋人南渡之祸，又要重演一次了。

（原载《清华学报》第十卷第四期，1935年10月）

胡惟庸党案考

一、《明史》所记之胡惟庸

胡惟庸事件是明代初叶的一件大事,党狱株连前后十四年,一时功臣宿将诛夷殆尽,前后达四万余人。且因此和日本断绝国交关系,著之《祖训》。另一方面再三颁布《昭示奸党录》《臣戒录》《志戒录》《大诰》《世臣总录》诸书,谆谆告谕臣下,以胡惟庸为前鉴。到明成祖时代,还引这事件来诚谕臣下,勿私通外夷。明代诸著作家的每一部提及明初史迹的著述中,都有这事件的记载。清修明史且把胡氏列入奸臣传。在政治制度方面,且因此而永废丞相,分权于六部、五府、都察院、通政司、大理寺等衙门。在这事件的影响方面说,一时元功宿将皆尽,靖难师起,仅余耿炳文、吴祯等支撑御侮,建文因以逊国。综之,从各方面说,无论是属于政治的、外交的、军事的、制度的、易代的,这事件之含有重大意义,其影响及于有明一代,则无可置疑。

《明史》记此事颠末云:

> 自杨宪诛,帝以惟庸为才,宠任之。惟庸亦自励,尝以曲谨当上意,宠遇日盛。独相数岁,生杀黜陟,或不奏径行。内外诸司上封事,必先取阅,害己者辄匿不以闻。四方躁进之徒及功臣武夫失职者争走其门,馈遗金帛名马玩好不可胜数。
>
> 大将军徐达深嫉其奸,从容言于帝。惟庸遂诱达阍者福寿以图达,为福寿所发。
>
> 御史中丞刘基亦尝言其短。久之,基病,上遣惟庸挟医视,遂以毒中之。基死,益无所忌。与太师李善长相结,以从女妻其从子佑。
>
> 学士吴伯宗劾惟庸既得危祸。自是势益炽。
>
> 其定远旧宅井中忽生石笋,出水数尺,谀者争引符瑞,又言其祖父三世冢上,皆夜有火光烛天。惟庸益喜自负,有异谋矣。
>
> 吉安侯陆仲亨自陕西归,擅乘传。帝怒责之曰:"中原兵燹之余,民始复业,籍户买马,艰苦殊甚。使皆效尔所为,民虽尽鬻子女,不能给也。"责捕盗于代县。平凉侯费聚奉命抚苏州军民,日嗜酒色。帝怒,责往西北招降蒙古,无功。又切责之,二人大惧。惟庸阴以权利胁诱二人,二人素戆勇,见惟庸用事,密相往来。尝过惟庸家,酒饮酣,惟庸屏左右言:"吾等所为多不法,一旦事觉,如何!"二人益惶惧,惟庸乃告以

己意，令在外收集军马。

又尝与陈宁坐省中阅天下军马籍，令都督毛骧取卫士刘遇贤及亡命魏文进等为心膂，曰："吾有所用尔也。"

大仆寺丞李存义者善长之弟，惟庸婿李佑父也。惟庸令阴说善长，善长已老，不能强拒，初不许，已而依违其间。

惟庸益以为事可就，乃遣明州卫指挥林贤下海招倭与期会。又遣元故臣封绩致书称臣于元嗣君，请兵为外应，事皆未发。

会惟庸子驰马于市，堕死车下，惟庸杀挽车者。帝怒，命偿其死。惟庸请以金帛给其家，不许。惟庸惧，乃与御史大夫陈宁、中丞涂节等谋起事，阴告四方及武臣从己者。十二年九月占城来贡，惟庸等不以闻，中官出见之，入奏。帝怒，切责省臣，惟庸及广洋顿首谢罪，而微委其咎于礼部，礼部又委之中书，帝益怒，尽囚诸臣，穷诘主者。未几赐广洋死。广洋妾陈氏从死，帝询之，乃入官陈知县女也。大怒曰："没官妇女只给功臣家，文臣何以得给？"乃敕法司取勘。于是惟庸及六部堂属咸当坐罪。

明年正月，涂节遂上变告惟庸，御史中丞商皓时谪为中书省吏，亦以惟庸阴事告。帝大怒，下廷臣更讯，词连宁、节。廷臣言节本预谋，见事不成，始上变告，不可不诛。乃诛惟庸、宁并及节。

惟庸既死，其反状犹未尽露，至十八年李存义为人首告，免死安置崇明。十九年十月林贤狱成，惟庸通倭事始著。

二十一年蓝玉征沙漠，获封绩，善长不以奏。至二十三年五月事发，捕绩下吏，讯得其状，逆谋大著。会善长家奴卢仲谦首善长与惟庸往来状，而陆仲亨家奴封帖木亦首仲亨及唐胜宗、费聚、赵庸三侯与惟庸共谋不轨。帝发怒，肃清逆党，词所连及，坐诛者三万余人，乃为《昭示奸党录》布告天下，株连蔓引，迄数年来靖云。

惟庸通倭事，《明史》云：

先是胡惟庸谋逆，欲借日本为助，乃厚结宁波卫指挥林贤，佯奏贤罪，谪居日本，令交通其君臣。寻奏复贤职，遣使召之。密致书其王，借兵助己。贤还，其王遣僧如瑶率兵卒四百余人，诈称入贡，且献巨烛，藏火药刀剑其中。既至，而惟庸已败，计不行。帝亦未知其狡谋也。越数年，其事始露，乃族贤，而怒日本特甚，决意绝之，专以防海为务。

与李善长谋逆事，《明史》云：

京民坐罪应徙边者，善长数请免其私亲丁斌等，帝怒按斌，斌故给事惟庸家，因言存义等往时交通惟庸状。命逮存义父子鞠之，词连善长云："惟庸有反谋，使存义阴说善长，善长惊叱曰：'尔言何为者？审尔，九族皆灭！'"又使善长故人杨文裕说之云：'事成当以淮西地封为王。'善长惊不许，然颇心动。惟庸乃自往说，善长犹不许。久之，惟庸复遣存义进说，善长叹曰：'吾老矣，吾死，汝等自为之。'"

或又告善长云将军蓝玉出塞至捕鱼儿海，获惟庸通沙漠使者封绩，善长匿不以闻。于是御史交章劾善长。而善长奴卢仲谦等亦告善长与惟庸通赂遗，交私语。狱具，谓善长元勋国戚知逆谋不发举，狐疑观望，怀两端，大逆不道。会有言星变，其占当移大臣，遂并其妻女弟侄家口七十余人诛之。而吉安侯陆仲亨、延安侯唐胜宗、平凉侯费聚、南雄侯赵庸、荥阳侯郑遇春、宜春侯黄彬、河南侯陆聚等皆同时坐惟庸党死。而已故荥阳侯杨璟、济宁侯顾时等追坐者又若干人。帝手诏条列其罪，傅著狱词，为《昭示奸党三录》布告天下。

谷应泰记胡惟庸被诛前又有云奇告变一事：

正月戊戌，惟庸因诡言第中井出醴泉，邀帝临幸，帝许之。驾出西华门，内使云，奇冲跸道勒马衔言状，气方勃，舌驶不能达意，太祖怒其不敬，左右挝捶乱下，云奇右臂将折，垂毙，犹指贼臣第弗为痛缩。上悟，乃登城望其第，藏兵复壁间，刀槊林立。即发羽林掩捕考掠，具状磔于市。

综结以上的记载，胡惟庸党案的构成及经过是：

（1）胡惟庸擅权罔上。

（2）谋刺徐达。

（3）毒死刘基。

（4）与李善长相结交通。

（5）定远宅井生石笋，祖墓夜有火光，因有异志。

（6）结陆仲亨、费聚为助。

（7）收纳亡命。

（8）令李存义、杨文裕说李善长谋逆。

（9）遣林贤下海招倭，倭使如瑶伪贡率兵为助。

（10）遣封绩称臣于元求援。

（11）惟庸杀挽车者，太祖责偿死。

（12）阻占城贡使，被罪。

（13）私给文官以入官妇女坐罪。

（14）涂节上变。商皓白其私事。

（15）请上幸第谋刺，为云奇所发。

（16）狱具伏诛。胡党之名起。

（17）林贤狱成。

（18）李善长被杀。

（19）对日绝交。

（20）胡党株蔓数万人，元功宿将几尽。

以上试参证中日记载，说明这一事件的真相和明代初叶中日间的国际关系。

二、云奇告变

胡惟庸党案的真相,到底如何,即明人亦未深知,这原因大概是由于胡党事起时,法令严峻,著述家多不敢记载此事。到了事过境迁以后,实在情形已被淹没,后来的史家只能专凭《实录》,所以大体均属相同。他事有不见于《实录》的,便只能闭户造车,因讹传讹,所以极多矛盾的同时记载。正因为这许多记载之暧昧矛盾,所以当时人便有怀疑它的。郑晓以为"国初李太师、胡丞相、蓝国公诸狱未可知"。王世贞是明代的一个伟大精核的史学家,他的话应该可信了,他说:

> 胡惟庸谋逆,阴约日本国贡使以精兵装巨舶,约是日行弑,即大掠库藏,泛舟大海,事泄伏诛。上后却日本之贡以此。

他的儿子王士骐却不惜反对他的话,对这事件深为质疑,他以为:

> 按是年(十三年)诛丞相胡惟庸,廷臣讯辞第云使林贤下海招倭军,约期来会而已。不至如野史所载,亦不见有绝倭之

诏。本年日本两贡无表,又其将军奉丞相书辞意倨慢,故诏谕之。中云:"前年浮辞生衅,今年人来匪诚",不及通胡惟庸事,何耶?近年勘严世蕃亦云交通倭虏,潜谋叛逆,国史谓寻端杀之,非正法也。胡惟庸之通倭,恐亦类此。

由此可见这事件的可信程度正如徐阶所授意的严世蕃狱词一样。按《明史》载世蕃狱具,徐阶以为彰主过,适所以活之,为手削其草。略云:

曩年逆贼汪直勾倭内讧,罪在不宥。直徽州人,与罗龙文姻旧,遂送十万金世蕃所,拟为授官……龙文亦招聚汪直通倭余党五百余人谋于世蕃。班头牛信亦自山海卫弃伍北走,拟诱致北虏,南北响应……

于是复勘实以"交通倭虏,潜谋叛逆,具有显证"上,严家由是方倒。狱辞中通倭诱虏二事,恰好做胡惟庸事件的影子。

在以上所引的史料中,冲突性最显著的是《明史》所记涂节、商皓告变和《纪事本末》所记的云奇告变二事。因为假使前者是真,则惟庸已得罪被诛,无请临幸谋刺之可能。假使后者是真,则惟庸亦当日被诛,无待涂、商二人之告发。质言之,两件告发案必有一件是假,或者两件都假,断不能两件都真。现试略征群籍,先谈云奇事件。

谷应泰关于云奇的记载，确有所本。此事最先见于雷礼所引《国琛集》。记与谷氏小有异同。其文云：

> 太监云奇南粤人。守西华门，迩胡惟庸第，刺知其逆谋。胡诳言所居井涌醴泉，请太祖往观，銮舆西出，云虑必与祸，急走冲跸，勒马衔言状。气方勃萃，舌駃不能达。太祖怒其犯跸，左右挝捶乱下，云垂毙，右臂将折，犹奋指贼臣第。太祖乃悟，登城眺顾，见其壮士披甲伏屏帷间数匝，亟返棕殿，罪人就擒。召奇则息绝矣。大祖追悼奇，赐赠葬，令有司春秋祀之。墓在南京太平门外，钟山之西。

自后王世贞撰《胡惟庸传》即引此文，不过把"诳言所居井涌醴泉"改为："伪为第中甘露降。"把地下涌出来的换成天上掉下来的罢了。邓元锡索性把他列入《宦官传》，以为忠义之首，不过又将名字改成奇云奇。傅维麟本之亦为立专传，仍复其名为云奇。其他明清诸著述家如陈建、严从简、邓球、尹守衡、彭孙贻、谷应泰，日人如饭田忠彦等，均深信不疑，引为实录。

在上引的诸家记载中，有一个共同的可疑点。这疑点是云奇身为内使，所服务地点与胡惟庸第相近，他既知胡氏逆谋，为什么不先期告发，一定要到事迫眉睫，方才闯道报警呢？这问题彭孙贻氏把它弥缝解答了。他说：

时丞相胡惟庸谋大逆，居第距门甚迩。奇剌知其事，翼欲发未有路，适惟庸谩言所居井涌醴泉，邀上往赏，驾果当西出，奇虑必有祸，会走犯跸……

总算勉强可以遮过读者的究诘，但据以上诸书所记，惟庸请明太祖到他家里来看醴泉或甘露的日子是洪武十三年正月戊戌。据《明史》惟庸即以是日被诛。这样当天请客，当天杀头，中间并未经过审讯下狱的阶段，在时间上是否发生问题呢？这问题夏燮曾引《三编质实》证明其不可能，他说：

考《实录》正月癸巳朔，甲午中丞涂节告胡惟庸谋反，戊戌赐惟庸等死。若然，则正月二日惟庸已被告发，不应戊戌尚有邀帝幸第之事。

我们在时间上的比较，已知此事非真。如再从事实方面考核，南京城高数仞，胡惟庸第据文中"壮士匿屏帷（或厅事）间"决非无屋顶——露天可知（《有学集》一〇三引明人记载说：南京城西华门内有大门北向，其高与诸宫殿等，后门甍栋俱在，曰旧丞相府，即胡惟庸故第）。无论西华门离胡第怎样近（事实上愈近愈只能看屋脊），就譬如在景山山顶吧，故宫就在足下，除了黄澄澄的屋瓦以外，我们能看出宫殿内的任何事物出来吗？同理，胡第非露天，即使明太祖真有登过城这一回事，又何从知道胡第伏有甲兵，此甲兵且伏在斤事中，屏帷间！

据《国琛集》说胡惟庸第在西华门内——禁中。王世贞《旧丞相府志》颇疑其非是。考《昭示奸党第二录》载卢仲谦供，谓胡惟庸私第在细柳坊，按《洪武京城图志》：广艺街在上元县西，旧名细柳坊，一名武胜坊。又考《街市图》：广艺街在内桥之北，与旧内相近。则惟庸私第之不在禁中明甚。再按《实录》：丙午八月（1366）拓建康城；初旧内在建康旧城中，因元南台为宫，稍庳隘，上乃命刘基等卜地，定新宫于钟山阳。戊申正月（1368）自旧内迁新宫。由是知明太祖之迁居新宫在洪武元年，旧内固近惟庸第，新宫则在建康城北，云奇事件如在洪武十三年，则根本为不可能。

由以上的推断，云奇事件之无稽荒谬，已决然无可疑。不过这一传说又从何发生的呢？云奇与胡惟庸虽无关系，但这事件的本身是否有存在的可能性呢？这两疑问，何孟春氏的《云奇墓碑》将给我们一个满意的解答。

　　南京太平门外钟山西有内官享堂一区，我太祖高皇帝所赐，今加赠司礼监太监云公奇葬地也。案旧碑公南粤人，洪武间内使，守西华门。时丞相谋逆者居第距门甚迩，公刺知其事，冀因隙以发。未几，彼逆臣言所居井涌醴泉……

　　公所遭谋逆者旧状以为胡蓝二党。夫胡惟庸之不轨在洪武十三年，蓝玉在二十六年，胡被诛后，诏不设丞相，至蓝十四年矣。春敢定以胡为是，以补旧碑之缺，备他日史官之考证。

可见胡惟庸谋逆的真相，明初人就不大清楚。旧碑阙以存疑，尚不失忠实态度。何孟春自作聪明，硬断定为胡惟庸，后此史官，虽以此事不见《实录》，亦援引碑文，定为信谳，自王世贞以下至彭孙贻、饭田忠彦等都笃信其事，因讹传讹，结果当然是到处碰壁，怎么也解释不出时间性与空间的不可能和事实上的矛盾了。钱谦益《明太祖实录辨证》三说："云奇之事，国史野史，一无可考。嘉靖中朝廷因中人之请而加赠，何孟春据中人之言而立碑。"所谓中人，潘柽章以为是高隆。他说：

> 云奇事起于中官高隆等，相传为蓝玉时事。而何孟春从而附会之，以为玉未尝为丞相，故又移之胡惟庸。凿空说鬼，有识者所不道。

他疑心云奇事件是由邵荣三山门谋逆之事衍变来的。他说：

> 然考之史，惟平章邵荣尝伏兵三山门内欲为变，上从他道还，不得发。与墓碑所称相类。三山门在都城西南与旧内相近，上登城眺察，难悉睹也。岂云奇本守三山门，讹而为西华耶？或云奇以冲跸死，而宋国兴之告变踵至耶？事有无不可知，史之阙文，其为是欤？

三、如瑶藏主之贡舶

《明史》所记之如瑶贡舶事，明清人记载极多。日人记载则多据中籍迻译，虽间有疑其支离者，亦仅及派使者之为征西或幕府，对于事实本身，则均一致承认。

关于胡惟庸通倭之明清人记述，其主要事实多根据《实录》及《大诰》，《明史》和《实录》更不过详略之异，大体一无出入。文中洋洋洒洒据口供叙述胡惟庸的罪状，于通倭投虏事，仅有二句：

惟庸使指挥林贤下海招倭军，约期来会。又遣元臣封绩致书称臣于元，请兵为外应。

惟庸诛后数日，在宣布罪状的演辞中，亦未提及通倭一字：

己亥，胡惟庸等既伏诛，上谕文武百官曰："……岂意奸臣窃国柄，枉法诬贤，操不轨之心，肆奸欺之蔽，嘉言结于众舌，朋比逞于群邪。蠹害政治，谋危社稷，譬堤防之将决，烈火之将燃，有滔天燎原之势，赖神发其蠹，皆就殄灭……"

于罢中书省诏中,亦只及其枉法挠政诸罪:

> 癸卯,罢中书省,诏曰:"……丞相汪广洋、御史大夫陈宁昼夜淫昏,酣歌肆乐,各不率职,坐视废兴。以致胡惟庸私构群小,夤缘为奸,或枉法以贿罪,或挠政以诬贤,因是发露,人各伏诛……"

即在十六年后,太祖和刘三吾的谈话中,胡惟庸的罪状,也不过只是擅作威福和僭侈:

> 二十八年十一月上谓翰林学士刘三吾等曰:"奸臣胡惟庸等擅作威福,谋为不轨,僭用黄罗帐幔,饰以金龙凤纹。迩者逆贼蓝玉,越礼犯分,床帐护膝,皆饰金龙,又铸金爵为饮器,家奴至于数百,马坊廊房,悉用九五间数,僭乱如此,杀身亡家。"

惟庸诛后七年,始于所颁《大诰》中提及林贤:

> 维十九年十二月望皇帝三诰于臣民曰:"……帝若曰前明州卫指挥贤私通惟庸,劫倭舶,放居倭,惟庸私使男子旺借兵私归贤,贤将辅入乱,不宁于黔黎,诛及出幼子。"

在洪武二十八年九月所颁《祖训》中,方才正式列出惟庸通倭的记载，其文云：

> 四方诸夷皆限山隔海，僻在一隅，得其地不足以供给，得其民不足以使令，若其自不揣量，来挠我边，则彼为不祥。彼既不为中国患，而我兴兵轻犯，亦不祥也。吾恐后世子孙，倚中国富强，贪一时战功，无故兴兵，致伤人命，切记不可。但胡戎与西北边境，互相密迩，累世战争，必选将练兵，时谨备之。
>
> 今将不征诸夷国名列后：
>
> 东北：朝鲜国
>
> 正东偏北：日本国（虽朝实诈，暗通奸臣胡惟庸，谋为不轨，故绝之。）
>
> 正南偏东：大琉球国 小琉球国
>
> 西南：安南国 真蜡国 暹罗国 占城国 苏门答剌 西洋国 爪洼国 湓亨国 白花国 三弗齐国 浡泥国

考《明史·胡惟庸传》谓："十九年十月林贤狱成，惟庸通倭事始著。"查《实录》十九年十月条不载此事。胡惟庸罪状中之通倭一事，据史言发觉在十九年，其唯一之根据为当时官书《大诰三编》。据此则十九年以前不当有绝倭之事，而事实上则却相反。《祖训》之成，据《大事记》所言第一次编成于洪武二年。第二次在六年五月。第三次在二十八年九月，重定名为《皇明祖训》，其目仍旧，而更其《箴戒》章为《祖训》首章。由是可知最后定本即仍洪武六年之旧，不过把原来《箴戒》章改成首章而已。胡惟庸事败在洪武十三年正月，通倭事发在十九年十月，不应先于洪武六年绝倭！细绎《祖训》文意，知其大旨不过戒子孙勿务远略损国威，所列不征之国，亦以其阻绝海洋，不易征服，于胡惟庸事，初无关涉。盖日本之被列为不征之国事在洪武六年以前，在洪武十九年到二十八年这时期，中方把胡惟庸事加入，作为佐证。后来读史的人不留心，把不征之国和胡惟庸事因《祖训》先后放在一起，就混为一事，并误为有因果关系。因胡惟庸狱词和《大诰》所载，辗转附会，惟庸之通倭谋逆及明廷因之与日绝交数事，遂成信谳了。

《国朝列卿记》所记全用《实录》原文，明代向例于《实录》修成后即焚稿扃史馆中，不为外人所见。所以后来人的记载大部分可说都是根据《列卿记》这部书。

因为《皇明祖训》《大诰》和《实录》中的记载，出于朝廷。后来的史家便都一致相信，以为事实。自郑晓、郎瑛、章潢、邓元锡、茅瑞征、茅元仪、陈仁锡、张复、叶向高、方孔照、黄道周及《制御四夷典故》诸书，一致以为太祖朝之中日绝交，是因为如瑶贡舶事件，如《苍霞草》所记：

> 已复纳兵贡舻中助逆臣胡惟庸，惟庸败，事发，上乃著《祖训》示后世毋与倭通。

《吾学编》《制御四夷典故》《皇明世法录》《图书编》诸书云：

十五年归廷用又来贡，于是有林贤之狱，曰故丞相胡惟庸私通日本，盖《祖训》所谓日本虽朝实诈，暗通奸臣胡惟庸，谋为不轨，故绝之也。是时惟庸死且三年矣。十七年如瑶又来贡，坐通惟庸，发云南守御。

渡边世祐《室町时代史》（页二三五）亦谓：

时明胡惟庸谋反，使宁波之指挥官请援于征西将军。征西府使僧如瑶率精兵四百余人伪入贡赴之。谋觉，胡惟庸伏诛，逮林贤狱起，我邦通谋事发觉，太祖大怒，尔后一时交通遂绝。

何乔远、郑若曾、严从简诸人记林贤与如瑶之事迹较详尽，《名山藏·王享记》云：

丞相胡惟庸得罪惧诛，谋诸倭不轨，奏调金吾卫指挥林贤备倭明州。阴遣宣使陈得中谕贤送日本使出境，则诬指为寇以为功。贤听惟庸计，事觉，惟庸佯奏贤失远人心，谪居之倭中。既惟庸请宥贤复职，上从之。惟庸以庐州人李旺充宣使召贤，且以密书奉日本王借精锐人为用，王许之。贤还，王遣僧如瑶等率精锐四百余人来，诈献巨烛，烛中藏火药兵器。比至惟庸已败，上犹未悉贤通惟庸状，发四百余人云南守御……十五年惟庸事觉，上追怒惟庸，诛贤磔之。于是名日本曰倭，下诏切责其君臣，暴其过恶天下，著《祖训》绝之。

所记恰与《大诰》合。《筹海图编》亦采此说，而误以胡惟庸为枢密使，为王士骐所讥。且以为先于洪武十六年诏绝日本，二十年如瑶事发，时代与各书歧异。日人辻善之助据之以为怀良亲王已于前四年卒，足证使非征西所遣。书中标明日使为归廷用，足补何氏之缺：

> 日本使归廷用入贡方物，厚赏回还，明州备倭指挥林贤在京随驾，时交通枢密使胡惟庸，潜遣宣使陈得中密与设谋，令将归廷用诬为倭寇，分用赏赐。中书省举奏其罪，流贤日本。洪武十六年诏绝日本之贡。贤流三年，逆臣胡惟庸暗遣人充宣使，私往日本取回，就借练精兵四百，与僧如瑶来献巨烛，中藏火药兵具，意在图乱，上大怒，磔贤于市，乃降诏责其君臣，绝其贡。

《殊域周咨录》本之，而以为十三年发如瑶云南守御，林贤事发则在洪武二十年。日人饭田忠彦、荻野由之、辻善之助、栗田元次及木宫泰彦和德人希泊鲁秃（Sicboldt）诸人所记大率根据以上所引。

李开先所记则与诸书微异，其所撰《宋素卿传》云：

>自洪武年间因胡惟庸通倭密谋进寿烛，内藏刀箭。将夷以铜甑蒸死，绝其进贡。

这是他把永乐三年十一月日本使者自治倭寇的记载和如瑶贡舶事件混在一起误为一事的错误。

以上诸家所记都属于胡惟庸使林贤通倭，如瑶伪贡事件。王世贞一流的史家所记，则与此异：

>日本来贡使，私见惟庸，乃为约其王，令舟载精兵千人，伪为贡者，及期会府中，力掩执上，度可取，取之；不可，则掠库物泛舸就日本有成约。

以下便接着叙云奇事件，把这两件事发生连带关系。他在另一记载中又说：

>十三年丞相胡惟庸谋叛，令（日使）伏精兵贡艘中，计以表裏挟上，即不遂，掠库物，乘风而遁。会事露悉诛。而发僧使于陕西四川各寺中，著训示后世，绝不与通。

又把这事件和如瑶发生关系。陈仁锡、朱国桢诸人都相信这一说，引为定谳。稍后谷应泰、夏燮等，便兼采两家矛盾之说，并列诸事，作最完备之记录。

读了以上诸家记述之后,最后我们试一试与当时的官书一核,看到底哪些史料是可靠的,哪一些是不可靠的,《大诰三编》说:

前明州卫指挥林贤出海防倭,接至日本使者归廷用入贡方物。其指挥林贤移文赴都府,都府转奏,朕命以礼送来至京。廷用王事既毕,朕厚赏令归,仍命指挥林贤送出东海,既归本国。不期指挥林贤当在京随驾之时,已与胡惟庸交通,结成党弊。及归廷用归,惟庸遣宣使陈得中密与设计,令林指挥将廷用进贡舡只,假作倭寇舡只,失错打了,分用朝廷赏赐,却仍移文中书申禀。惟庸佯奏林指挥过,朕责指挥林贤就贬日本。居三年,惟庸暗差庐州人充中书宣使李旺者私往日本取回,就借日本国王兵,假作进贡来朝,意在作乱。其来者正使如瑶藏主左副使左门尉右副使右门尉,率精兵倭人带甲者四百余名——倭僧在外——比至,胡惟庸已被诛戮,其日本精兵,就发云南守御。洪武十九年朕将本人命法司问出造反情由,族诛了当。呜呼人臣不忠者如此!

又云:

其指挥林贤年将六旬,又将辅人为乱,致黔黎之不宁,伤生所在,岂不得罪于天人者乎!遂于十九年冬十月二十五日将贤于京师大中桥及男子出幼者皆诛之,妻妾婢之。

我们且不推敲这事件的本身是否可靠，明太祖这样一个枭桀阴忮的人的话——一面之辞是否可信。光和其他的记载比较，至少以下几件事是明太祖或胡惟庸所未曾想及的。这几点是：

（一）诈献巨烛，烛中藏火药兵器的聪明主意。

（二）日本贡使私见惟庸，约贡千人相助绑票的事。

（三）时间的矛盾。

（四）归廷用十五年之再贡发觉事。

（五）奏调林贤备倭明州事。

（六）三年前惟庸初由右丞改左，正得宠眷而反惧诛事。

四、胡惟庸之罪状

洪武十三年正月胡惟庸被诛时的罪状是：

（一）毒死刘基。

（二）阻隔占城贡使。

（三）私给文臣以没官妇女。

（四）枉法挠政，朋比为奸。

刘基事据《明史》本传说：

基在京病时，惟庸以医来，饮其药，有物积腹中如拳石。其后中丞涂节首惟庸逆谋，并谓其毒基致死云。

据《胡惟庸传》，则惟庸之毒基，实为太祖所遣：

> 御史中丞刘基亦尝言其短，久之，基疾，上遣惟庸挟医视，遂以毒中之。

据《行状》所述，基未死前且曾以被毒状告太祖，太祖不理：

> 洪武八年正月，胡丞相惟庸以医来视疾，饮其药二服，有物积腹中如拳石，遂白于上，上亦未之省也，自是疾遂笃，三月上以公久不出，遣使问之，知其不能起也，特御制文一通，遣使驰驿送公还乡，里居一月而薨。

即由史臣纂修之《实录》，也说太祖明知刘基被毒事：

> 御史中丞涂节言前诚意伯刘基遇毒死，广洋宜知状。上问广洋，广洋对以无是事。上颇闻基方病时，丞相胡惟庸挟医往候，因饮以毒药。乃责广洋欺罔，不能效忠为国，坐视废兴……

由上引诸记载，参以《明史·刘基传》所叙胡惟庸与基之夙怨，乘隙中伤，太祖对基怀疑事。可知胡惟庸之毒基，确受上命，所以刘基中毒后，虽质言情状，亦置不理。并且派人看他会不会死，直到确知他必定要死，方派人送他回家。我们看汪广洋之死是为涂节告发，胡惟庸之被罪，也和刘基死事牵连，但在宣布胡氏罪状时，却始终没提起这事。由此可见"欲盖弥彰"，涂节之所以与胡惟庸骈戮东市，其故亦正在是。

关于阻隔占城贡使事，《明史》云：

> 洪武十二年占城贡使至都，中书不以时奏，帝切责丞相胡惟庸、汪广洋，二人遂获罪。

《实录》载此事较详，其文云：

> 十二年九月戊午，占城国王阿答阿者遣其臣阳须文旦进表及象马方物，中书臣不以时奏。内臣因出外，见其使者以闻，上亟召见，叹曰："壅蔽之害，乃至此哉！"因敕责省臣曰："朕居中国，抚辑四夷，彼四夷外国有至诚来贡者，吾以礼待之。今占城来贡方物既至，尔宜以时告，礼进其使臣，顾乃泛然若罔闻知，为宰相辅天子出纳帝命，怀柔四夷者固当如是耶！"丞相胡惟庸、汪广洋等皆叩头谢罪。

《明史》言："帝怒，切责省臣，惟庸及广洋顿首谢罪，而微委其咎于礼部，礼部又委之中书，帝益怒，尽囚诸臣，穷诘主者。"《高皇帝文集》卷七载《向中书礼部慢占城入贡第二敕》云：

> 敕问中书礼部必欲罪有所证。古有犯法者犯者当之，此私罪也。今中书礼部皆理道出纳要所，九月二十五日有慢占城入贡事，向及省部，互相推调，朕不聪明，罪无归著，所以囚省部，概穷缘由，若罪果有所证，则罪其罪者，仍前推调，未得释免。

旨意极严重，接着就是涂节上变告反，由此可见惟庸已于十二年九月二十五日下狱，到十二月又发生汪广洋妾陈氏从死事，再下法司取勘，涂节窥见太祖有欲杀之意，逢迎上变，遂于次年正月被诛。

庚午诏书中所指的"枉法朋比"，《明史》所记无实事可征。李善长狱后数年方发觉，此时当不能预为周纳。惟吴伯宗事别见其本传云：

> 胡惟庸用事，欲人附己，伯宗不为屈。惟庸衔之，坐事谪居凤阳，上书谕时政，因言惟庸专恣不法，不宜独任，久之必为国患，辞甚剀切。帝得奏召还，赐衣钞。

则伯宗自以坐事谪徙，亦未尝得"危祸"也。刘崧事见《高皇帝文集》七《召前按察副使刘崧职礼部侍敕》云：

> 奸臣弄法，肆志跳梁，拟卿违制之责。迩者权奸发露，人各伏诛。卿来，朕命官礼部侍郎，故兹敕谕。

其朋比事，当时人的记载，《国初事迹》中，有这样一条：

  杨宪为御史中丞。太祖尝曰："杨宪可居相位。"数言李善长无大才。胡惟庸谓善长曰："杨宪为相，我等淮人不得为大官矣。"宪因劾汪广洋不公不法，李善长奏排陷大臣，放肆为奸等事，太祖以极刑处之。

刘辰曾佐太祖戎幕，所记当得之见闻，较可征信。且善长、惟庸均为淮人，惟庸之进用，又为善长所援引，为保全禄位树立党援计，其排斥非淮系人物，又为势之所必至。不过据这一条史料的引证，也仅能证明惟庸之树党而已。《高皇帝文集》卷十六《跋夏圭长江万里图》文中有指摘惟庸受赃语，不过尽他所能指摘的也还不过是一幅不甚著名的图。其文云：

  洪武十三年春正月奸臣胡惟庸权奸发露，令法司捕左右小人询情究源，良久，人报左丞赃贪淫乱甚非寡欲。朕谓来者曰：果何为实，以验赃贪？对曰：前犯罪人某被迁，其左相犹取本人山水图一轴，名曰《夏圭长江万里图》。朕犹未信，遣人取以验，去不逾时而至，吁！微物尚然，受赃必矣。

促成惟庸谋反的动机，据《明史》说是：

会惟庸子乘马于市，堕死车下，惟庸杀挽车者，帝怒，命偿其死。惟庸请以金帛给其家，不许。惟庸惧，乃与御史大夫陈宁、中丞涂节等谋起事，阴告四方及武臣从己者。

此文全据《实录》，而略其下一段。今补列如下：

　　上日朝，觉惟庸等举措有异，怪之，涂节恐事觉，乃上变告。

据上文所申述，我们知道惟庸于十二年九月下狱取勘，《实录》所记太祖自己在朝堂上觉察惟庸举措，事实上为不可能。《宪章录》《皇明法传录》诸书因其矛盾，舍去不录，《明史》因之。我们如再细心检讨一下，就可以知道不但《实录》之事后增饰和《明史》诸书之截短取长是靠不住的，即其所记之惟庸子死事，也是同样的叫人不敢相信。如王世贞记惟庸狱起前之所谓促成谋反之动机云：

　　会其家人为奸利事，道关榜辱关吏，吏奏之，上怒，杀家人，切责，丞相谢不知乃已。
　　又以中书违慢，数诘问所由。惟庸惧，乃计曰："主上鱼肉勋旧臣，何有我耶！死等耳，宁先发，毋为人束，死寂寂。"

同样地是在叙述同一事件，并且用同一笔法，但所叙的事却全不相符，一个说是惟庸子死，一个说是惟庸家人被诛。显见这两种不同的记载是出于两种不同的来源，由此又可知胡惟庸事件在明嘉靖以前是怎样一个纷乱矛盾的样子了。

《高皇帝文集》卷七有《谕丞相枉序斑敕》，所谓丞相当即指惟庸言，但细绎敕意，亦只是责其刑罚不中而已。敕云：

> 《传》曰：刑罚不中，则民无所措手足。今日序斑奏，昨晚一使自山西至，一使自太仓来省，引进将至与姓名，且曰郎中教只于此处候丞相提奏引见，已而终不见，郎中复唤，于是不敢引见，是有丞相怪责，不由分诉，刑及二十而肤开，甚枉之。因序斑奏枉，试释之，若为上者教人正其事而后罪人不行，此果刑罚之中乎？

总之，在上文所引述的史料中，我们找不出有"谋反"和"通倭""通虏"的具体的记载。这正好像一个故事，时代越后，故事的轮廓便越扩大，内容也越充实。到了洪武二十三年后胡惟庸的谋反便成铁案，装点得有条有理了。钱谦益引《昭示奸党三录》说：

> 自洪武八年以后，惟庸与诸公侯约日为变，殆无虚月，或候上早朝，则惟庸入内，诸公侯各守四门，或候上临幸，则惟庸扈从，诸公侯分守信地，皆听候惟庸调遣，期约举事。其间或以车驾不出而罢，或以宿卫严密，不能举事而罢，皆惟庸密遣人麾散，约令再举，五年之中，期会为变无虑二百余。

考《太祖本纪》胡惟庸以洪武六年七月壬子任右丞相，十年九月辛丑改左。其时惟庸正被恩眷，得太祖信任。《高皇帝文集》卷二载是时《命丞相大夫诏》："朕平天下之初，数更辅弼，盖识见浅薄，任非其人。前丞相汪广洋畏懦迂滑，其于申冤理枉，略不留意。以致公务失勤，乃黜为岭南广省参政，观其所施，察其自省。今中书久阙丞相，御史台亦阙大夫，揆古稽今，诚为旷典，特命左丞相胡惟庸为中书右丞相，中丞陈宁为右御史大夫。且惟庸与宁自广洋去后，独署省台，协诚匡济，举直措枉，精勤不怠，故任以斯职。播告臣民。"云云。据《奸党录》所言，则不特《实录》所记惟庸诸谋叛动机为子虚，即明人诸家所言亦因此而失其立足点。因为假使惟庸已蓄意谋叛，其行动且早至被诛之五年前，且屡试屡败，则何以史文又曲为之隐？于《奸党三录》所云"五年之中期会为变无虑二百余次"一事至不著一字！何以《明史》及《弇州别集》诸书仅著其"以祥瑞自喜有异谋""令费聚陆仲亨收集军马""收集亡命""通倭款房""被责谋起事"诸近疑似暧昧之刑法上所谓"意图"的记载，而及略其主要之已举未遂行为！

《实录》记李善长狱事，尤暧昧支离，使人一见即知其捏造。盖其所述谋反情事，皆援据当时狱辞，其不可信，又无待究诘。且即以所叙和《昭示奸党录》所条列善长诸招一校，亦有未核。《实录》云：

> 太仆寺丞李存义者，善长之弟，惟庸之婿父也。以亲故往

来惟庸家。惟庸令存义阴说善长同起，善长惊悸曰："尔言何为者！若尔，九族皆灭。"存义惧而去，往告惟庸，惟庸知善长素贪，可以利动。后十余日，又令存义以告善长，且言事若成，当以淮西地封公为王，善长虽有才能，然本文吏计深巧，佯惊不许，然心颇以为然，又见以淮西之地王己，终不失富贵，且欲居中观望，为子孙后计，乃叹息起曰："吾老矣，由尔等所为。"存义还告，惟庸喜，因过善长，善长延入，惟庸西面坐，善长东面坐，屏左右欷语良久，人不得闻，但遥见领首而已。惟庸欣然就辞出，使指挥林贤下海招倭军约期来会，又遣元臣封绩致书称臣于元，请兵为外应。

《明史》别据明人所记以为说善长以封王者为其故人杨文裕。于其冤抑，特载解缙所代草之王国用奏疏剖解甚明。钱谦益据当时招辞谓：

> 洪武十年九月惟庸以逆谋告李存义，使阴说善长，未得其要领。乃使其旧人杨文裕许以淮西地封王，是年十一月，惟庸亲往说善长，善长犹赵趄未许，即国史所记惟庸西面坐善长东面坐者是也。然此时善长未许，至十二年八月，存义再三往说，善长始有：我老了你每自做之语。

在上载的两项文件的矛盾中，最显著的是时间问题。《实录》

说惟庸几经游说善长，得其赞许后，方进行通倭款虏二事，《实录辨证》据当时口供考定为洪武十二年八月事。惟庸被诛在次年正月，离定谋只是五个月间的事。下狱在九月，离定谋更仅一月。据《明史·日本传》《名山藏·王享记》《筹海图编》诸记载，惟庸先遣林贤为明州卫指挥，再佯奏其罪谪日本，使交通其君臣，再请宥贤复职，以李旺召之，且以密书奉日本王借精锐人为用。然后有如瑶藏主之贡舶事件。林贤在日本的时间，《大诰三编》和《筹海图编》都说是三年。其回国在洪武十六年后，这当然是不可靠的（郑若曾连胡惟庸卒年都弄不清楚，以为是洪武二十年间事）。不过无论如何，照那时代的航海情形，这一来一往总非一二月可办。据雷礼记如瑶第一次来华之时日为洪武十四年七月戊戌，正值惟庸败后一年，事颇巧合。不过我们所注意的是胡惟庸能否在死后再派人去召回林贤，在定谋和被诛的五个月中要容纳至少要三年以上的时间才办得到的事实是否可能？通倭事发的年月据《明史》说是在洪武十九年十月，但除当时的官书《大诰》外，我们翻遍《实录》也找不出有这项记载的存在。即在钱谦益所引胡党供辞中亦不及此事。同时在日本方面，除了引征中国的记载外，亦不著如瑶使节之任何事实。甚至在中日双方的若干记载中，有的连日本使者和派遣者的本身都有无数异说。这到底是什么缘故呢？很明显的，此种不被当事人所注意的时间问题，因为事实的本身，出于故意捏造或附会，事后编制，只图假题入罪，便不能顾及时间上的冲突。更因为所附会周纳的故事见于朝廷所颁发的《大诰》，大家不敢不相信，载诸记录，因讹传讹，遂成铁案了。

惟庸私通外夷的第二件事是通虏。《明史》说：

> 遣故元臣封绩致书称臣于元嗣君，请兵为外应……二十一年蓝玉征沙漠，获封绩，善长不以奏，至二十三年五月事发，捕绩下吏，讯得其状，逆谋大著。

《李善长传》亦言：

> 将军蓝玉出塞至捕鱼儿海，获惟庸通沙漠使者封绩，善长匿不以闻。

嗣后王世贞、朱国桢诸人所记，均据之以封绩为元臣或元遗臣。这一些记载的根据都很有来历，《实录》记：

> 封绩河南人，故元臣来归，命之官，不受，遣还乡又不去，谪戍于边，故惟庸等遗书遗之。惟庸诛，绩惧不敢归，蓝玉于捕鱼儿海获绩，善长匿不以奏。

按《昭示奸党录》所载封绩供辞：

> 封绩招云："绩系常州府武进县人。幼系神童。大军破常

州时被百户掳作小厮，拾柴使唤。及长，有千户见绩聪明，招为女婿。后与妻家不和，被告发迁往海南住。因见胡、陈擅权，实封言其非；为时中书省凡有实封到京，必先开视，其有言及己非者即匿不发，仍诬罪其人。胡丞相见绩所言有关于己，匿不以闻，诈传圣旨，提绩赴京，进刑部鞫问坐死。胡丞相着人问说，你今当死，若去北边走一遭，便饶了你。绩应允，胡丞相差宣使送往宁夏耿指挥（忠）、居指挥、于指挥（琥）、王指挥等处，耿指挥差千户张林、镇抚张虎、李用转送亦集乃地面，行至中途，遇达达人爱族保哥等就与马骑，引至火林，见唐兀不花丞相，唐兀不花令儿子庄家送至哈剌章蛮子处，将胡丞相消息备细说与：着发兵扰边，我奏了将京城军马发出去，我里面好做事。"

《国史考异》二引《庚午记书》亦云：

于琥（都督于）显男，先在宁夏任指挥时，听胡、陈吩咐，囚军封绩递送出京，往草地里通知消息。后大军克破胡营，获绩究问，二人反情，由是发觉。

与《实录》《明史》《弇州别集》《开国臣传》及明代诸记载家如黄金、陈仁锡、何乔远、雷礼诸人所言无一相合。由是知不但封绩非元臣，非河南人，非胡惟庸亲信，且与李善长亦始终无涉。

不但上述诸正史及野记无一可信，即上引之封绩供辞亦不必实有，因为明代兵制初不集中兵力于首都，而于沿边要隘及内部冲区设卫分镇，明初尤重视北边防务，以燕王棣守北边，隶以重兵，自后九边终明一代为防虏重镇。即有侵轶，初无用于京军之调动，假使真有封绩使元这一件事，胡惟庸自身任军国大政，反说出这样荒谬绝伦的话，理宁可通！

由上引证，可知所谓通倭通虏都是"莫须有"的事。上文曾说过：胡惟庸事件正像一个在传说中的故事，时间越后，故事的范围便越扩大。根据这个原则，我们试再检校一下胡惟庸私通外夷这一捏造的故事的范围的扩大。

在时代较前的记载中，胡惟庸私通外夷的范围，仅限明代一代所视为大患的"南倭北虏"。稍后便加上一个三佛齐，再后又加上一个卜宠吉儿，最后又加上一个高丽。

《太祖实录》洪武三十年中，载胡惟庸通三佛齐事：

> 三十年，礼部奏诸番国使臣客旅不通。上曰："……近者安南、占城……西洋、邦嗒剌等凡三十国，以胡惟庸谋乱，三佛齐乃生间谍，给我使臣至彼。爪哇国王闻知其事，戒饬三佛齐，礼送还朝。是后使臣商旅阻绝，诸国王之意，遂尔不通……"
>
> 于是礼部咨暹罗王曰："……我朝混一之初，海外诸番莫不来庭。岂意胡惟庸造逆，通三佛齐，乃生间谍，给我信使，肆行巧诈……可转达爪哇，俾以大义告于三佛齐，三佛齐原系

爪哇统属，其言彼必信，或能改过从善，则与诸国成礼遇之如初，勿自疑也。"

永乐五年诏敕陕西官吏，又有通卜宠吉儿事：

　　八月敕陕西行都司都指挥陈敬等及巡按监察御史，禁止外交。
　　上曰："臣无外交，古有明戒，太祖皇帝申明此禁，最为严切。如胡惟庸私往卜宠吉儿，通日本等处，祸及身家，天下后世，晓然知也……"

高岱记太祖朝事，说胡惟庸和高丽也有关系：

　　十七年甲子三月上因高丽使来不遵臣礼，以贿结逆臣胡惟庸，事觉，遣其使还。以敕谕辽东守将唐胜宗、叶升，令绝高丽，勿通使命。

这样，胡惟庸私通外夷，东通日本高丽，西通卜宠吉儿，南通三佛齐，北通沙漠，东西南北诸夷，无不与胡惟庸之叛逆，发生关系。

五、明初之倭寇与中日交涉

如瑶贡舶事件，记载纷纭，多不可信。举其矛盾处之显著者如使节之派遣者或以为征夷将军源义满，或以为征西将军怀良亲王。明人如郑晓、雷礼、章潢、何乔远、李言恭、陈仁锡、王士骐、邓元锡、茅瑞征、严从简、方孔炤诸人均以为助胡惟庸谋逆者为怀良亲王。茅元仪、叶向高诸人则以为派遣如瑶来华者为征夷将军。《日本考》云：

> 十三年再贡皆无表，以其征夷将军源义满所奉丞相书来，书倨甚，命锢其使。明年复贡，命礼臣为檄，数而却之。已复纳兵贡舶中助逆臣胡惟庸。惟庸败，事发，上乃著《祖训》示后世，毋与倭通。

此以贡舶之来为在十四年后，时胡惟庸已死垂二年，叶向高所记全同。日人松下见林采其说，谓：

> 明太祖答日本征夷大将军曰"前奉书我朝丞相"，丞相谓胡惟庸也。又《武备志》曰："征夷将军源义满所奉丞相书来，

已复纳兵贡艘中助胡惟庸。"观此则义满助胡惟庸者也。

获野由之反之，肯定如瑶为怀良所遣。希泊鲁秃则不特坚持怀良遣使之说，且著其遣使之年为元中元年（洪武十七年，1384）并云：

> 胡之谋图被发觉，诛三族，如琛（如瑶，刊讹）不知入明，故被捕流云南，数年之后，被宥归国。

小林博氏亦主是说，且记此阴谋之发觉时间为弘和二三年间（明洪武十五、六年，1382—1383）。辻善之助则误据《筹海图编》所记，以贡舶为洪武二十年事，而断云：

> 时怀良亲王死已四年，良成亲王继任，无出兵海外之余裕，此事恐为边陲倭寇之首魁所为。

他知道怀良的卒年，因以断定贡舶非其所遣，同时他却忘记了胡惟庸也已死了八年，这事如何能同胡惟庸发生联系！木宫泰彦亦主二十年之说，且以怀良之遣使事为必有。他说：

> 此所指日本国王系指怀良亲王，细读《明史》，自能了解。此事不见于日本国史，但弘和元年曾有为亲王使者抵明之僧，由当时亲王对明之强硬态度，与弘安以来养成之冒险的风气推

之，想必有此事也。

所说纯据想象，虚构楼阁，不足置信。

在另一方面的各家记载纷歧，也不一而足，如如瑶贡舶所纳兵士或以为四百人（《名山藏》《明史》诸书），或以为千人（《弇州别集》《献征录》诸书），通倭之经过，或以为使林贤下海招约（《明史》），或以为适日本贡使来因与私约（《弇州别集》），林贤狱具或以为在洪武十九年十月（《明史》），或以为在洪武十五年（《皇明书》《制御四夷典故》《皇明世法录》），或以为在二十年（《殊域周咨录》），如瑶末次来华或以为在十七年（《皇明书》），或以为在十九年（《大政记》），或以为在二十年（《筹海图编》）。如瑶末次来华之谪徙地方或以为发陕西（《明史纪事本末》），或以为发云南（《名山藏》《殊域周咨录》），或以为发川陕（《日本国志》），如瑶所率精兵或以为尽被诛夷（《献征录》《明史纪事本末》），或以为尽发云南守御（《皇明书》《名山藏》）。种种歧异矛盾，指不胜屈。

如瑶贡舶事在《日本国史》既无足征，中籍所记又荒唐如此，由此可知这本是一件莫须有的事，如瑶即使真有其人，也不过只是一个通常的使僧，或商贩，和胡惟庸党案根本无关。

向来中日两方的记载都以为明初中日绝交的主要原因是如瑶贡舶事件。上文既已论及如瑶贡舶之莫须有，以下试略一述中日初期交涉之经过，以说明其绝交前后之情势，从反面证明在此情势中实无容纳如瑶贡舶事件之可能。

明初中日两方之所以发生外交关系，在中国方面是因为倭寇出没，请求制止，在日本方面则可说完全是基于经济的关系。

《明史》说：

> 明兴，高皇帝即位，方国珍、张士诚相继诛服，诸豪亡命往往纠岛人入寇山东滨海州县。

日本在王朝之末，纪纲大乱，濑户内海，海贼横行，至镰仓时代不绝。南北争乱之顷，其势逾逞。伊豫之住人村上三郎左卫门义弘者统一近海海贼为之首长，义弘死后，北昌显家之子师清代为首长，率其党以掠夺为事。入寇者以萨摩、肥后、长门、三州之人居多，其次则大隅、筑前、筑后、博多、日向、摄摩、津州、纪伊、种岛，而丰前、丰后和泉之人亦间有之，盖因商于萨摩而附行者，其来或因贡舶，或因商舶。随风所之，南至广东，北至辽阳，无不受其荼毒。由是海防成明代大政，设戍置寨，巡捕海倭，东南疲于奔命。

明廷要解决倭患，只有三个办法：上策是用全国兵力，并吞日本以为藩属，倭患不扫自除。中策是以恩礼羁縻，示以小惠，许以互市，以其能约束国人为相对条件。下策是不征不纳，取闭关政策，努力防海，制止入犯。在这三个办法中，最难办到的是下策。因为中国海岸线延长二万里，倭寇可以随处侵入，中国却没有这财力和兵力来到处设防，即使可能，兵力太单了也不济事。上策也感觉困难，因为中国是一个大陆国，没有强大的海军，要征服这一倔犟的岛国，简直办不到。并且基于过去隋、元二代的历史教训，也不敢轻易冒这大险。元吴莱曾作了一篇《论倭》的文章，反复地说明伐倭之无益和大海之阻隔，要征服它是不可能的事。他建议应当遣使往谕，以外交的手腕去解决倭寇问题。这篇文章影响到明代的对日政策，明太祖差不多全盘地接受了他对元朝的劝告和建议，毅然地抛弃上策，把日本列为十五不征之国之一，著在《祖训》。

但是，一个国家要能行使它的统治权，先决问题是这个国家的统一。不幸在这时期，日本国内却陷于南北分裂的对峙局面，政治上的代表人物，在北朝是征夷将军源义满，在南朝是征西将军怀良亲王，北朝虽愿和中国通商，解决它财政上的困难，南朝却以倭寇为利，且以政治地位的关系，也不肯让北朝和明有任何外交关系。以此，明廷虽经几度的努力，终归无效，结果仍不得不采取下策，行闭关自守之计。

第一次的倭寇交涉完全是恐吓性质，洪武二年三月明廷派吴用、颜宗鲁、杨载、吴文华使日，到征西府责以倭寇责任，诏书云：

> ……间者山东来奏，倭兵数寇海边，生离人妻子，损害物命，故修书特报正统之事，兼谕越海之由。诏书到日，如臣奉表来庭，不臣则修兵自固，永安境土，以永天休。如必为寇盗，朕当命舟师扬帆诸岛，捕绝其徒，直抵其国缚其王，岂不代天伐不仁者哉！惟王图之。

怀良的答复是杀明使五人，拘留杨载、吴文华两人三个月才放回。

三年三月又作第二次交涉，以莱州府同知赵秩往谕，委婉劝导中含有恐吓的意味，诏书说：

……蠢尔倭夷，出没海滨为寇，已尝遣人往问，久而不答，朕疑王使之故扰我民，今中国奠安，猛将无用武之地，智士无所施其谋，二十年鏖战精锐，饱食终日，投食超距，方将整饬巨舟，致罪于尔邦，俄闻被寇者来归，始知前日之寇，非王之意，乃命有司暂停造舟之役。

呜呼！朕为中国主，此皆天造地设，华夷之分。朕若效前王恃甲兵之众，谋士之多，远涉江海，以祸远夷安靖之民，非上帝之所托，亦人事之不然。或乃外夷小邦故逆天道，不自安分，时来寇扰，此必神人共怒，天理难容，征讨之师，控弦以待；果能革心顺命，共保承平，不亦美乎！……

一面又派前曾使日之杨载送还捕获之日本海贼僧侣十五人，想用示惠的手腕，使日本自动地禁捕倭寇。这一次的交涉，总算博得相当的成功。洪武四年十月怀良遣其臣僧祖来进表笺，贡方物，并僧九人来朝。又送至明州、台州被掳男女七十余口。

日使祖来到南京后，明廷向之经过几度的咨询，才恍然知日本国内分裂情形，怀良并非日本国王，以前几次的交涉，不幸都找错了对手。

明廷于是改变方针，想和北朝直接交涉。洪武五年五月特派僧仲猷祖阐、无逸克勤为使，以日僧椿庭海寿、权中巽为通事，使者一行八人，送祖来回国。先是建德二年（洪武四年）肥后守菊池武光奉怀良亲王起兵谋复筑紫，与今川贞世（了俊）战于镇西，败绩，贞世寻为镇西探题，势力方盛。怀良由博多移于肥后之菊池。明使一登岸，新设的北朝守士官见其与祖来同来，以为是征夷府向中国乞师回来的使节，因加以拘辱。不久即遣送至京，滞留二月，始就归途。途经征西府，怀良愤其秘密入京，及颁示大统历有使奉正朔之意，复加拘辱。七年五月始还南京。

这一次对北朝交涉的结果，北朝因连年征战，帑藏奇绌，正盼能和中国通商，解决财政上的困难，所以明使一至京，便完全容纳禁倭之请，一面因征西府梗中日商道，派兵来攻。一面派僧宣闻溪（摁州太守圆宣）净业喜春备方物来贡，又送还所掳中国及高句丽民百五十人。这是征夷府第一次遣明的使节，不幸因无正式国书，征南之举又失败，道路不通，被明廷疑为商人假冒，以拒绝接待。

同年大隅守护之岛津氏久和征西府之菊池武政都遣使来贡，冀图通商，明廷以其非代表国家，且不奉正朔，均却之。又以频入寇掠，命中书移牒责之。

洪武八年七月征西府遣僧廷用文圭（归廷用，圭廷用）奉表贡马及方物，表词倨犟负固。此时明廷对日方有进一步之了解，他们知道日本南朝在利用倭寇，万不肯加以禁止，自闭财源。北朝虽极盼通商，并愿禁倭，但为南朝所阻，无力制止，其他派使入贡者又全是不能代表政府的大名藩士和唯利是图的商人。外交解决的途径至此全穷，在事实上不能不放弃中策，予日本以经济上的封锁，一面严修海防为自卫之计了。

明廷虽已决计绝日，但在表面上仍和日本派来的正式使节虚与委蛇，希望能得外交上的转机。洪武十三四年间和征夷、征西两方打了几次笔墨官司。征西府的挑战倔犟态度，给明廷以极大的侮辱。明廷极力容忍。以后通使较稀，但仍未完全断绝外交关系。1383年怀良亲王死，北朝势旺，忙于国内之统一运动，和明廷的关系因之暂时停止。

根据以上简约的叙述，可知明初即已列日本为十五不征之国之一，其地位和朝鲜、安南、爪哇、浡泥诸国同。明廷之所以决意绝日的原因是倭寇频繁，日政府不能禁止，无再向请求或恫吓之必要。且绝日的动机肇于洪武八年，在三次交涉失败之后，在胡惟庸死前五年。胡氏死后中日亦未完全断绝国交，时有使节往来。洪武十九年后的中日关系疏淡，则以倭患较稀，日本国内政治势力发生变化之故。由此可知一切关于胡惟庸和明初中日国际关系之传说，均系向壁虚造，毫无根据。

六、胡惟庸党案之真相

据上文所论证，我们知道关于中日关系部分：

（一）明初明廷通好日本的真正原因，纯为请其禁戢倭寇。在日本方面，征西府借海贼寇掠所得支撑偏局，一面虚与明廷委蛇，借得赏赐贸易之大利，故态度倨傲，有恃无恐。征夷府极盼能和明廷缔结正当的外交关系，盼能因而达通商的愿望，但因政局不统一，且阻于南朝之割据，没有禁倭的力量。兼之明廷数度来日的使节，都因不明国情而发生严重的误会。日本使节则因其非代表整个国家，不能禁倭，且有时无正式国书和商人冒名入贡因而入寇的暧昧，使明廷不敢接待。在明初十数年中虽努力交涉，用尽外交上恫吓讲理示惠的能事，但倭寇仍不因之少减，对方仍蛮不讲理，明廷不得已，改采下策，却仍藕断丝连，企图贯彻前策。

（二）明太祖列日本于十五不征之国，事在洪武六年以前，和如瑶贡舶及绝交事根本无关。

（三）如瑶贡舶事纯出捏造。即使有如瑶其人，亦与胡案无任何联属。

（四）林贤下海招倭事，据记载上之矛盾及时间上之不可能，亦可决为必无。虽证出官书，不足置信。

关于胡案部分：

（一）云奇事件出于中人附会，也许即由邵荣谋叛事转讹。

（二）刘基被毒，出于明太祖之阴谋。胡惟庸旧与刘基有恨，不自觉地被明太祖所利用，胡下狱后涂节窥见明太祖欲兴大狱之意旨因以此上告，商皓亦受朝廷指，发其阴事，胡案因起。同时涂节等因触明太祖私隐，亦被杀灭口。

（三）占城贡使事及汪广洋妾从死事都只是胡惟庸和廷臣连带下狱的偶然口实，不过借此使人知胡失宠，无形中示意言官使其攻击胡氏，因以罗织成狱的一个过程而已。

（四）李善长狱与封绩使元事根本无关系。《明史》诸书所记封绩事最荒谬不可信。李善长之被株连，其冤抑在当时解缙所代草之王国用疏辞辨之甚明。

胡惟庸的本身品格，据明人诸书所记是一个袅猾阴险、专权树党的人。以明太祖这样一个十足的自私惨刻的怪杰自然是不能相处在一起。一方面深虑身后子懦孙弱，生怕和他自己并肩起事的一班功臣宿将不受制驭，因示意廷臣，有主张地施行一系列的大屠杀，胡案先起，继以李案，晚年太子死复继以蓝案。胡惟庸的被诛，不过是这一大屠杀案的开端。

胡案的组织过程，根据当时的公私记载，很显然地摆露在我们的目前。在胡案初起时胡氏的罪状只是擅权植党，这条文拿来杀胡惟庸有余，要用以牵蔓诸勋臣宿将却未免小题大做。在事实上有替他制造罪状的必要。明代的大患是南倭北虏，人臣的大罪是结党谋叛，于是明太祖和他的秘书们便代替胡氏设想，巧为造作，弄一个不相干的从未到过北边的江苏人封绩，叫他供出胡惟庸通元的事迹，算作胡党造反的罪状。后来又觉得有破绽，便强替封绩改籍为河南人，改身份为元遗臣，又叫他攀出李善长，引起第二次屠杀。一面又随便拣一个党狱中人林贤，捏造出一串事迹，算他通倭。恰巧胡惟庸死后不久，日使或日商来华因无国书被明廷诘责，他们就把这两件事并为一事，装点成有因果关系，再加上洪武六年前所纂的《皇明祖训》中的文证，这反情便成铁案了。同时中日关系因倭寇问题恶化，明廷感于外交的失败，不得不采取下策，闭关自守，却又不愿自承失败，贻讥藩属，就大肆宣传名正言顺地把绝倭的责任委在莫须有先生的如瑶头上。为取信于天下后世计，又把此事特别写在《大诰》中叫全国人读，一面又在《祖训》首章加入小注，于是胡惟庸之通虏通倭，成为信谳，明廷也从此脱卸了外交失败的耻辱。

除上文所说的政治的国际的关系之外，胡案构成的因素，还有经济的阶级的关系在鼓动着。

明初连年用兵，承元疲敝之后，益以兵荒天灾，国库奇绌。一面又因天下未定，不能不继续用兵。明太祖及其部属大抵都出身卑贱，自来就不满于一般专事克削的地主巨商，因此除不断用徙富民的政策以夺其田产以益军实外，又不断地寻出事来择肥而噬，屡兴大狱的目的只是措财筹款，最显著的如《明史·刑法志》所记郭桓事件：

>郭桓吏部侍郎也。帝疑北平二司官吏李彧、赵全德等与桓为奸利，自六部左右侍郎下皆坐死。赃七百万，词连直省诸官吏，系死者数万人，核赃所寄借遍天下，民中人之家大抵皆破。

只是一疑心，就筹出七百万的大款，这是一件最便当的生财大道。又如空印事件：

>十五年空印事发。每岁布政司府州县吏诣户部核钱粮军需诸事，以道远预持空印文书，遇部驳即改以为常。及是帝疑有奸，大怒，论诸长吏死，佐贰榜百戍边。

也只是一疑心，把天下的财政官长都杀了，杀头与籍没相连，这一疑心又自然地筹了一笔大款。胡案、蓝案的副目的也不外此，在这一串党狱中，把一切够得上籍没资格的一起给网进去，除了不顺眼的文官，桀骜的宿将以外，他所特别注意的是由大地主充当的粮长和大富豪充当的盐商，如《大诰三编》所举出的于友、李茂实、陆和仲和他书所记的浦江郑氏、苏州沈氏诸狱，均足以证明此狱的动机。

另一方的明太祖自身出身寒贱，寄迹缁流，且又赋性猜嫌，深恐遭知识分子所讥刺。在他初起事的时候，不能不装作礼贤下士的神气，借作号召，及至大事已定，便不惜吹毛求疵，屡兴文字之狱。又恐知识分子不为所用，特颁《大诰》，立寰中士夫不为君用之目。

一面算是严刑示威，一面却也不无带着一些嫉视的阶级意识。《大诰》中所列文士得罪者不下千人。在胡蓝二狱中所杀的几万人中大部是属于知识分子，其中之著者如宋濂以一代帝师匡翊文运，仍不惜曲为归纳，以其孙慎与胡党有连为辞，流之致死。其他同时诸文士，凡和明太祖稍有瓜葛的也都不得善终，赵瓯北《廿二史劄记》曾替他算过一笔草账。另一方面却极力设学兴教，进用宋讷一流刻薄寡恩的教师，用廪禄刑责造就出一批听命唯谨的新知识分子出来，做皇帝个人的驯仆，来代替老一辈的士大夫。这是明太祖巩固君权的方法，也是这几次大狱的起因。

（原载《燕京学报》第十五期，1934年6月）

明初的恐怖政治

洪武二十八年（1395）正式颁布《皇明祖训》。这一年，朱元璋已经是六十八岁的衰翁了。

在这一年之前，桀骜不驯的元功宿将杀光了，主意多端的文臣杀绝了，不顺眼的地主巨室杀得差不多了，连光会掉书袋子搬弄文字的文人也大杀特杀，杀得无人敢说话，甚至都不敢出一口大气了。杀，杀，杀！杀了一辈子两手都涂满了鲜血的白头刽子手，踌躇满志，以为从此可以高枕无忧，皇基永固，子子孙孙吃碗现成饭，不必再操心了。这年五月，特别下一道手令说："朕自起兵至今四十余年，亲理天下庶务，人情善恶真伪，无不涉历，其中奸顽刁诈之徒，情犯深重，灼然无疑者，特令法外加刑，意在使人知所警惧，不敢轻易犯法。然此特权时措置，顿挫奸顽，非守成之君所用长法。以后嗣君统理天下，止守《律》与《大诰》，并不许用黥刺剕劓阉割刑，臣下敢有奏用此刑者，文武群臣即时劾奏，处以重刑"。

四十年中，据朱元璋自己的著作，《大诰》《大诰续篇》《大诰三篇》和《大诰武臣》的统计，所列凌迟枭示种诛有几千案，弃市（杀头）以下有一万多案。三篇所定算是最宽容的了。"进士监生三百六十四人，愈见奸贪，终不从命三犯四犯而至杀身者三人，三犯而诽谤杀身者又三人，姑容戴斩，绞、徒流罪在职者三十人，一犯戴死罪徒流罪办事者三百二十八人"。有御史戴死罪，戴着脚镣，坐堂审案的，有挨了八十棍回衙门做官的。其中最大的案件有胡惟庸案、蓝玉案、空印案和郭桓案，前两案株连被杀的有四万人，后两案合计有七八万人。所杀的人，从开国元勋到列儒裨将、部院大臣，诸司官吏到州县胥役，进士监生、经生儒士、富人地主僧道屠沽，以至亲侄儿、亲外甥，无人不杀，无人不可杀，一个个地杀，一家家地杀，有罪的杀，无罪的也杀，"大戮官民不分臧否"。早在洪武七年，便有人向他控诉，说是杀得太多了，"才能之士，数年来幸存者，百无一二"。到洪武九年，单是官吏犯笞以上罪，谪戍到凤阳屯田的便有一万多人。十八年九月在给萧安石子孙符上也自己承认："朕自即位以来，法古命官，列布华夷，岂期擢用之时，并效忠贞，任用既久，俱系奸贪？朕乃明以宪章，而刑责有不可恕。以至内外官僚，守职维艰，善能终是者寡，身家诛戮者多"。郭桓案发后，他又说："其贪婪之徒，闻桓之奸，如水之趋下，半年间弊若蜂起，杀身亡家者人不计其数。出五刑以治之，挑筋剁指足髡发文身，罪之甚者欤？"

政权的维持建立在流血屠杀、酷刑暴行的基础上，这个时代，这种政治，确确实实是名副其实的恐怖政治。

胡惟庸案发于洪武十三年，蓝玉案发于洪武二十六年，前后相隔十四年，主犯虽然是两个，其实是一个案子。

胡惟庸是初起兵占领和州时的帅府旧僚，和李善长同乡，又结了亲，因李善长的举荐，逐渐发达，洪武三年拜中书省参知政事，六年七月拜右丞相。

中书省综掌全国大政，丞相对一切庶务都有专决的权力，统率百官，只对皇帝负责。这制度对一个平庸的，唯唯否否，阿附取容"三旨相公"型的人物；或者对手是一个只顾嬉游逸乐，不理国事的皇帝，也许不会引起严重的冲突。或者一个性情谦和容忍，一个刚决果断，柔刚互济倒也不致坏事，但是胡惟庸干练有为，有魄力，有野心，在中书省年代久了，大权在手，威福随心，兼之十年宰相，门下故旧僚友也隐隐结成一个庞大的力量，这个力量是靠胡惟庸做核心的。拿惯了权的人，怎么也不肯放下。朱元璋呢，赤手空拳建立的基业，苦战了几十年，拼上命得到的大权，平白被人分去了一大半，真是倒持太阿，授人以柄，想想又怎么能甘心！困难的是皇帝和丞相的职权，从来不曾有过清楚的界限，理论上丞相是辅佐皇帝治理天下的，相权是皇权的代表，两者是合二而一的，不应该有冲突。事实上假如一切庶政都由丞相处分，皇帝没事做，只能签字画可，高拱无为。反之，如皇帝躬亲庶务，大小事一概过问，那么，这个宰相除了伴食画诺以外，又有什么可做？这两个人性格相同，都刚愎，都固执，都喜欢独裁，好揽权，谁都不肯相让。许多年的争执，摩擦，相权和皇权相对立，最后，冲突表面化了。朱元璋有军队，有特务，失败的当然是文官。在胡惟庸以前，第一任丞相李善长小心怕事，徐达经常统兵在外，和朱元璋的冲突还不大明显严重（刘基自己知道性子太刚，一定合作不了，坚决不干），接着是汪广洋，碰了几次大钉子，末了还是赐死。中书官有权的如杨宪，也是被杀的。胡惟庸是任期最长，冲突最厉害的一个。被杀后，索性取消中书省，由皇帝兼行相权。皇权和相权合而为一。洪武二十八年手令："自古三公论道，六卿分职，自秦始置丞相，不旋踵而亡，汉唐宋因之，虽有贤相，然其间所用者多有小人，专权乱政。我朝罢相，设五府、六部、都察院、通政司、大理寺等衙门，分理天下庶务，彼此颉颃，不敢相压，事皆朝廷总之，所以稳当。以后嗣君并不许立丞相，臣下敢有奏请设立者，文武群臣即时劾奏，处以重刑"。这里所说的"事皆朝廷总之"的朝廷，指的便是他自己。胡惟庸被杀在政治制度史上的意义，是治权的变质，也就是从官僚和皇家共治的阶段，转变为官僚成奴才，皇帝独裁的阶段。

胡惟庸之死只是这件大屠杀案的一个引子，公布的罪状是擅权枉法。以后朱元璋要杀不顺眼的文武臣僚，便拿胡案做底子，随时加进新罪状，把它放大，发展，一放为私通日本，再放为私通蒙古。日本和蒙古，"南倭北虏"是当时两大敌人，通敌当然是谋反。三放又发展为串通李善长谋逆，最后成为蓝玉谋逆案。罪状愈多，牵连的罪人也更多，由甲连到乙，乙攀到丙，转弯抹角像瓜蔓一样四处伸出去，一网打尽，名为株连。被杀的都以家族为单位，杀一人也就是杀一家。坐胡案死的著名人物有御史大夫陈宁、中丞涂节、太师韩国公李善长、延安侯唐胜宗、吉安侯陆仲亨、平凉侯费聚、南雄侯赵庸、荥阳侯郑遇春、宜春侯黄彬、河南侯陆聚、宜德侯金朝兴、靖宁侯叶升、中国公邓镇、济宁侯顾敬、临江侯陈镛、营阳侯杨璟、淮安侯华中和高级军官毛溕、季伯畏、丁玉和宋濂的孙子宋慎，宋濂也被牵连，贬死茂州。坐蓝党死的除大将凉国公蓝玉以外，有吏部尚书詹徽、侍郎傅友文、开国公常升、景川侯曹震、鹤庆侯张翼、舳舻侯朱寿、东莞伯何荣、普定侯陈桓、宣宁侯曹泰、会宁侯张温、怀远侯曹兴、西凉侯濮兴、东平侯韩勋、全宁侯孙恪、沈阳侯察罕、徽先伯桑敬和都督黄辂、汤泉等。胡案有《昭示奸党录》，蓝案有《逆臣录》，把口供和判案都详细记录公布，让全国人都知道这些"奸党"的"罪状"。被杀公侯中，东莞伯何荣是何真的儿子，何真死于洪武二十一年，被帐下旧校捏告生前党胡惟庸，勒索两千两银子，何家子弟到御前分析，朱元璋大怒说："我的法，这厮把做买卖！"把旧校绑来处死。到二十三年何荣弟崇祖回广东时，兄把袂连声：弟弟，今居官祸福顷刻，汝归难料再会日。到家达知伯叔兄弟，勿犯违法事，保护祖宗，是所愿望！

可是，逃过了胡党，还是逃不过蓝党，何家是岭南大族，何真在元明之际保障过一方秩序，威望极高，如何放得过？据何崇祖自述：

洪武二十六年，族诛凉国公蓝玉，扳指公侯文武家，名蓝党，无有分别。自京及天下，赤族不知几万户。长兄四兄宏维暨老幼咸丧。三月二十日夜鸡鸣时，家人彭康寿叩门，吾床中闻知祸事，出问故，云："昨晚申时，内官数员滞官军到衙，城门皆闭。是晚有公差出城，私言今夜抄提员头山何族，因此奔回。"……军来甚众，吾忙呼妻封氏，各自逃生。

崇祖一房从此山居岛宿，潜形匿迹，一直三十一年新帝登极大赦，才敢回家安居。

李善长死时已经七十七岁了，帅府元僚，开国首相，替主子办了三十九年事，儿子做驸马，本身封国公，富极贵极，到末了却落得全家诛戮。一年后，有人替他上疏喊冤说：

善长与陛下同心，出万死以取天下，勋臣第一，生封公，死封王，男尚公主，亲戚拜官，人臣之分极矣。藉令欲自图不轨，尚未可知。而今谓其欲佐胡惟庸者，则大谬不然。人情爱其子，必甚于兄弟之子（善长弟存义子佑是胡惟庸的从女婿），安享万全之富贵者，必不侥幸万一之富贵。善长与惟庸，犹子之亲耳，于陛下则亲子女也。使善长佐惟庸成，不过勋臣第一而已矣，大师国公封王而已矣，尚主纳妃而已矣，宁复有加于今日？且善长岂不知天下之不可幸取？当元之季，欲为此者何限，莫不身为齑粉，覆宗绝祀，能保首领者几何人哉！善长胡乃身见之，而以衰倦之年身蹈之也？凡为此者，必有深仇激变，大不得已，父子之间，或至相挟以求脱祸。今善长之子祺，备陛下骨肉亲，无纤芥嫌，何苦而忽为此？若谓天象告变，大臣当灾，杀之以应天象，则尤不可。臣恐天下闻之，谓功如善长且如此，四方因之解体也。今善长已死！言之无益，所愿陛下作戒将来耳。

说得句句有理，字字有理，朱元璋无话可驳，也就算了。

二案以外，开国功臣被杀的，还有谋杀小明王的凶手德庆侯廖永忠，洪武八年以僭用龙凤不法等事赐死。永嘉侯朱亮祖父子于十三年被鞭死。临川侯胡美于十七年犯禁伏诛。江夏侯周德兴于二十五年以帷薄不修、暧昧的罪状被杀。二十七年，杀定远侯王弼、永平侯谢成、颖国公傅友德，二十八年杀宋国公冯胜。周德兴是朱元璋儿时放牛的伙伴，傅友德、冯胜功最高，突然被杀，根本不说有什么罪过，正合着古人说的"飞鸟尽，良弓藏；狡兔死，走狗烹"的话。

不但列将以次诛夷，甚至替他坚守南昌七十五日，力拒陈友谅，造成鄱阳湖大捷，奠定王业的功臣，义子亲侄朱文正也以"亲近儒生，胸怀怨望"被鞭死。义子亲甥李文忠，十几岁便在军中南征北伐，立下大功，也因为左右多儒生，礼贤下士，有政治野心被毒死。刘基是幕府智囊，运谋决策，不止有定天下的大功，而且是奠定帝国规模的主要人物，因为主意多，看得准，看得远，被猜忌最深，洪武元年便被休致回家，又怕隔得太远会出事，硬拉回南京，终于被毒死。徐达为开国功臣第一，小心谨慎，也逃不过。洪武十八年病了，生背疽，据说这病最忌吃蒸鹅，病重时皇帝却特赐蒸鹅，没办法，流着眼泪当着使臣的面吃，不多日就死了。这两个元勋的特别被注意，被防闲，满朝文武全知道，给事中陈汶辉曾经上疏公开指出："今勋旧耆德，咸思辞禄去位，如刘基、徐达之见猜，李善长、周德兴之被谤，视萧何、韩信其危疑相去几何哉！"

武臣之外，文官被杀的也着实不少。有记载可考的，有宋思颜、夏煜、高见贤、凌说、孔克仁，这几人都是初起事时的幕府僚属，宋思颜在幕府里的地位仅次于李善长。夏煜是诗人，和高见贤、杨宪、凌说一伙，专替朱元璋"伺察抟擎"，尽鹰犬的任务，告密栽赃，什么事全干，到末了也被人告密，先后送了命。朝官中有礼部侍郎朱同、张衡，户部尚书赵勉，吏部尚书余熂，工部尚书薛祥、秦逵，刑部尚书李质、开济，户部尚书茹太素，春官王本，祭酒许存仁，左都御史杨靖，大理寺卿李仕鲁，少卿陈汶辉，御史王朴，纪善、白信蹈等。外官有苏州知府魏观，济宁知府方克勤，番禺知县道同，训导叶伯巨，晋王府左相陶凯等。茹太素是个刚性人，爱说老实话，几次为了话不投机被廷杖，降官，甚至镣足治事。一天，在便殿赐宴，朱元璋赐诗，说："金杯同汝饮，不刃不相饶。"太素磕了头，续韵吟道："丹诚图报国，不避圣心焦！"元璋听了倒也很感动。不多时还是被杀。李仕鲁是朱嘉学派的学者，劝皇帝不要太尊崇和尚道士，想学韩文公辟佛，来发扬朱学。料想着朱熹和皇帝是本家，这着棋准下得不错。不料皇帝竟不买朱夫子的账，全不理会，仕鲁急了，闹起迂脾气，当面交还朝笏，要告休回家。元璋大怒，叫武士把他掼死在阶下。陶凯是御用文人，一时诏令、封册、歌颂、碑志多出其手，做过礼部尚书，制定军礼和科举制度，只为了起一个别号叫"耐久道人"，犯了忌讳被杀。员外郎张来硕谏止取已许配的少女做官人，说"于理未当"，被碎肉而死，参议李饮冰被割乳而死。叶伯巨在洪武九年以星变上书，论用刑太苛说：

> 臣观历代开国之君，未有不以仁德结民心，以任刑失民心者，国祚长短，悉由于此。议者曰宋元中叶，专事姑息，赏罚无章，以致亡灭。主上痛惩其敝，故制不宥之刑，权神变之法，使人知惧而莫测其端也。臣又以为不然。开基之主，垂范百世，一动一静，必使子孙有所持守，况刑者国之司命，可不慎欤！夫笞、杖、徒、流、死，令之五刑也。用此五刑，既无假贷，一出乎大公至正可也。而用刑之际，多裁自圣衷，遂使治狱之吏，务趋求意旨，深刻者多功，平反者得罪，欲求治狱之平，岂易得哉！近者特旨，杂犯死罪，免死充军，又删定旧律诸则，减宥有差矣。然未闻有戒饬治狱者，务从平恕之条，是以法司犹循故例，虽闻宽宥之名，未见宽宥之实。所谓实者，诚在主上，不在臣下也。故必有罪疑惟轻之意，而后好生之德洽于民心，此非可以浅浅期也。何以明其然也？古之为士者以登仕为荣，以罢职为辱，今之为士者以溷迹无闻为福，以受玷不录为幸，以屯田工役为必获之罪，以鞭笞捶楚与寻常之辱其始也，朝廷

取天下之士，网罗掊摭，务无余逸，有司敦迫上道，如捕重囚，比到京师，而除官多以貌选，所学或非其所用，所用或非其所学。洎乎居官，一有差跌，苟免诛戮，则必在屯田工役之科，率是为常，不少顾惜。此岂陛下所乐为哉！诚欲人之惧而不敢犯也。窃见数年以来，诛杀亦可谓不少矣，而犯者相踵，良由激劝不明，善恶无别。议贤议能之法既废，人不自励而为善者怠也。有人于此，廉如夷、齐，智如良、平，少戾于法，上将录长弃短而用之乎？将舍其所长苛其所短而置之法乎？苟取其长而舍其短，则中庸之材争自奋于廉智；倘苛其短而弃其长，则为善之人皆曰某廉若是，某智若是，朝廷不少贷，吾属何所容其身乎？致使朝不谋夕，弃其廉耻，或自掊克，以备屯田工役之资者，率皆是也。若是非用刑之烦者乎！汉尝徙大族于山陵矣，未闻实之以罪人也，今凤阳皇陵所在，龙兴之地，而率以罪人居之，怨嗟愁苦之声，充斥园邑，殆非所以恭承宗庙意也。

朱元璋看了气极，连声音都发抖了，连声说：这小子敢如此！快逮来！我要亲手射死他。隔了些日子，中书省官趁他高兴的时候，奏请把叶伯巨下刑部狱，不久死在狱中。

照规定，每年各布政使司和府州县都得派上计吏到户部，核算钱粮军需等账目，数目琐碎畸零，必须府合省，省合部，一层层上去，一直到部里审核报销，才算手续完备。钱谷数字有分毫升合不符合，整个报销册便被驳回，得重新填造。布政使司离京师远的六七千里，近的也是三四千里，册子重造不打紧，要有衙门的印才算合法，为了盖这个印，来回时间就得一年半载。为了免得部里挑剔，减除来回奔走的麻烦，上计吏照例都带有预先备好的空印文书，遇有部驳，随时填用。到洪武十五年，朱元璋忽然发觉这事，以为一定有弊病，大发雷霆，下令地方各衙门的长官主印者一律处死，佐贰官杖一百充军边地。其实上计吏所预备的空印文书是骑缝印，不能作为别用，也不一定用得着，全国各衙门都明白这道理，连户部官员也是照例默认的，算是一条不成文法律。可是案发后，朝廷上谁也不敢说明详情，有一个不怕死的老百姓，拼着命上书把这事解释明白，也不中用，还是把地方长吏一杀而空。当时最有名的好官济宁知府方克务（建文朝大臣方孝孺的父亲）也死在这案内。上书人也被罚充军。

郭桓是户部侍郎，洪武十八年，有人告发北平二司官吏和郭桓通同舞弊，从六部左右侍郎以下都处死刑，追赃七百万，供词牵连各直省官吏，死的又是几万人。追赃又牵连全国各地，中产之家差不多全被这案子搞得倾家荡产，财破人亡。这案子激动了整个社会，也大伤了中产阶级和中下级官僚的心。大家都指斥攻击告发此案的御史和审判官，议论沸腾，情势严重，朱元璋一看不对，赶紧下手诏条列郭桓等罪状，说是：

户部官郭桓等收受浙西秋粮，合上仓四百五十万石，其郭桓等只收（交）六十万石上仓，钞八十万锭入库，以当时折算，可抵二百万石，余有一百九十万石未曾上仓。其桓等受要浙西等府钞五十万贯，致使府、州县官黄文等通同刁顽人吏边源等作弊，各分入己。

其所盗仓粮，以军卫言之，三年所积卖空。前者榜上若欲尽写，恐民不信，但略写七百万耳。若将其余仓分并十二布政司通同盗卖见在仓粮，及接受浙西等府钞五十万张卖米一百九十万不上仓，通算诸色课程鱼盐等项，及通同承运库官范朝宗偷盗金银，广惠库官张裕妄支钞六百万张，除盗库见在金银宝钞不算外，其卖在仓税粮及未上仓该收税粮及鱼盐诸色等项，共折米算，所废（吞吐没）者二千四百余万（石）精粮。

其应天等五府州县数十万没官田地夏秋税粮，官吏张钦等通同作弊，并无一粒上仓，与同户部官郭桓等尽行分受。

意思是追赃七百万还是圣恩宽容，认真算起来该有二千四百万。这几万人死得绝不委屈。话虽如此说，到底觉得有些不妥，只好借审刑官的头来平众怒，把原审官杀了一批，再三申说，求人民谅解。一年后，他又特别指出："自开国以来，唯两浙、江西、两广、福建所设有司官，未尝任满一人，往往未及终考，自不免于赃贪"。可见杀这些贪官污吏是不错的，是千该万该的。不过，倒过来说，杀了二十年的贪官污吏，而贪官污吏还是那么多，沿海比较富饶区域的地方官，二十年来甚至没有一个能够做满任期，都在中途犯了赃贪得罪，由此可见专制独裁的统治，官僚政治和贪污根本分不开，单用严刑重罚、恐怖屠杀去根绝贪污，是不可能有什么效果的。

在鞭笞、苦工、剥皮、抽筋，以至抄家灭族的威胁空气中，凡是做官的，不论大官小官，近臣远官，随时随地都会有不测之祸，人人在提心吊胆、战战兢兢过日子。这日子过得太紧张了，太可怕了，有的人实在受不了，只好辞官，回家当老百姓，不料又犯了皇帝的忌讳，说是不肯帮朝廷做事："奸贪无福小人，故行诽谤，皆说朝廷官难作"。大不敬，非杀不可。没有做过官的儒士，怕极了，躲在乡间不敢出来应考做官，他又下令地方官用种种方法逼他们出来，"有司敦迫上道，如捕重囚"。还立下一条法令，说是："率土之滨，莫非王臣，寰中士大夫不为君用，是自外其教者，诛其身而没其家，不为之过"。贵溪儒士夏伯启叔侄各剁去左手大指，立誓不做官，被拿赴京师面审，元璋气呼呼发问："昔世乱居何处？"回说："红寇乱时，避兵于福建、江西两界间。"不料红寇这名词正刺着皇帝的痛处：

朕知伯启心怀忿怒，将以为朕取天下非其道也。特谓伯启曰："尔伯启言红寇乱时，意有他忿。今去指不为朕用，宜枭令籍没其家，以绝狂愚夫仿效之风。"

特派法司押回原籍处决。苏州人才姚润、王谈被征不肯做官，也都被处死，全家籍没。

洪武朝朝臣幸免于屠杀的，只有几个例子：一个是大将信国公汤和，原是朱元璋同村子人，一块儿长大的看牛伙伴，比元璋大三岁，起兵以后，诸将地位和元璋不相上下的，都闹别扭，不听使唤，只有汤和规规矩矩，小心听话，服从命令。到晚年，徐达、李文忠死已多年，汤和宿将功高，明白老伙伴脾气，心里老大不愿意，让诸大将仍旧掌兵权，苦的是嘴里说不出。他首先告老交出兵权，元璋大喜，立刻派官给他在凤阳盖府第，赏赐稠渥，特别优厚，算是侥幸老死在床上。一个是外戚郭德成，郭宁妃的哥哥，一天他陪朱元璋在后苑喝酒，醉了趴在地上去冠磕头谢恩，露出稀稀的几根头发，元璋笑着说："醉疯汉，头发秃到这样，可不是酒喝多了。"德成仰头说："这几根还嫌多呢，剃光了才痛快。"元璋不做声。德成酒醒，才知道闯了大祸，怕得要死，只好索性装疯，剃光了头，穿了和尚衣，成天念佛。元璋信以为真，告诉宁妃说："原以为你哥哥说笑话，如今真个如此，真是疯汉。"不再在意，党案起后，德成居然漏网。一个是御史袁凯，有一次朱元璋要杀许多人，叫袁凯把案卷送给皇太子复讯，皇太子主张从宽。袁凯回报，元璋问："我要杀人皇太子却要宽减，你看谁对？"袁凯不好说话，只好回答："陛下要杀是守法，东宫要赦免是慈心。"元璋大怒，以为袁凯两头讨好，脚踏两头船，老滑头，要不得。袁凯大惧，假装疯癫，元璋说疯子不怕痛，叫人拿木钻来刺他的皮肤，袁凯咬紧牙关，忍住不喊痛。回家后，自己拿铁链锁住脖子，蓬头垢面，满口疯话，元璋还是不放心，派使者去召他做官，袁凯瞪眼对使者唱月儿高曲，趴在篱笆边吃狗屎，使者回报果然疯了，才不追究。这一次朱元璋却受了骗，原来袁预先叫人用炒面拌砂糖，捏成段段，散在篱笆下，趴着吃了，救了一条命，朱元璋哪里会知道？

　　吴人严德珉由御史升左佥都御史，因病辞官，犯了忌讳，被黥面充军南丹（今广西），遇赦放还，布衣徒步做老百姓，谁也不知道他曾做过官。到宣德时还很健朗，一天因事被御史所逮，跪在堂下，供说也曾在台勾当公事，颇晓三尺法度。御史问是何官，回说洪武中台长严德珉便是老夫。御史大惊谢罪，第二天去拜访，却早已挑着铺盖走了。有一个教授和他喝酒，见他脸上刺字，头戴破帽，问老人家犯什么罪过，德珉说了详情，并说先时国法极严，做官的多半保不住脑袋。说时还北面拱手，嘴里连说："圣恩！圣恩！"

　　元璋有一天出去私访，到一破寺，里边没有一个人，墙上画一布袋和尚，有诗一首："大千世界浩茫茫，收拾都将一袋藏。毕竟有收还有放，放宽些子有何妨？"墨迹还新鲜，是刚画刚写的，赶紧使人去搜索，已经不见了。这故事不一定是真实的，不过，所代表的当时人的情绪却是真实的。

1948年8月5日

（原载《中建》半月刊华北航空版第二期，总第三卷第五期）

明成祖仁宗景帝之死及其他

　　明世宗中年好道，斋醮无虚日，其后卒死于金石，固尽人知之。若成祖、仁宗、景帝均非善终，则以史多讳言，不尽为人知也。成祖死于仙方晚年多暴怒，不能治事。《明史》卷二九九《袁珙传》："礼部郎周讷自福建还，言闽人祀南唐徐知谔、知诲，其神最灵。帝命往迎其像及庙祝以来，遂建灵济宫于都城，祀之。帝每遘疾，辄遣使问神。庙祝诡为仙方以进，药性多热，服之辄痰壅气逆，多暴怒，至失音。中外不敢谏。忠彻一日入侍，进谏曰：'此痰火虚逆之症，实灵济宫符药所至。'帝怒曰：'仙药不服，服凡药耶？'忠彻叩首哭，内侍二人亦哭。帝益怒，命曳二内侍仗之，且曰：'忠彻哭我，我遂死耶？'忠彻惶惧，趋伏阶下，良久始解。"灵济宫祀事详孙承泽《春明梦余录》。

　　仁宗之死，传闻异辞。或云死于雷，或云为宫人所毒，见皇甫录《明纪略》、杨仪《螭头密语》。陆釴《病逸漫记》则云："仁宗皇帝驾崩甚速，疑为雷震，又疑宫人欲毒张后，误中上。予尝遇雷太监，质之，云皆不然，盖阴症也。"

景帝之死，陆釴《病逸漫记》："景泰帝之崩，为宦者蒋安以帛勒死。"查东山《罪惟录》所记同。

明诸帝中最雄武残暴者无如太祖，衡石量书，初未尝溺于女色。顾中年时曾纳陈友谅妾，后颇以为悔，于所颁《大诰》中自白其事，忸怩作态，亦大可笑也。《大诰·谕官无作无为第四十三》："朕当未定之时，攻城略地，与群雄并驱，十有四年余，未尝妄将一妇人女子。惟亲下武昌，怒陈友谅擅以兵入境，既破武昌，故有伊妾而归。朕忽然自疑，于斯之为，色乎？豪乎？智者监之。"

诸帝中最昏庸无识者莫如熹宗，顾熹宗实一无才之工程师，使其不为帝王，当为不世出之大匠。李逊之《三朝野记》卷二："上性好盖房屋，自操斧锯凿削，巧匠不能及。日与亲近之臣涂文辅、葛九思辈朝夕营造，造成而喜，不久而弃，弃而又成，不厌倦也。当其斤斫刀削，解衣盘薄，非素昵近者不得亲视。王体干等每闻其经营鄙事时，即从旁传奏文书，奏听毕，即曰：'你们用心行去，我知道了。'所以太阿下移，魏忠贤辈操纵如意，而崔呈秀、魏广微辈通内者亦如桴鼓之旋踵也。"此所记出刘若愚《酌中志》卷一四。

（原载《文史杂志》第二卷第二期，1942 年 2 月）

北"虏"南倭问题

这里谈谈另外一个问题,就是如何对待明朝和蒙古族的关系问题。明朝和蒙古的关系始终是敌对的。从1368年之后,一直到明朝灭亡,几百年间始终是敌对的关系。我们今天来研究过去的历史,应该实事求是地处理这个问题。在历史上是敌对的关系,你就不能说那个时候我们已经贯彻了民族政策,汉族和兄弟民族都是友好相处的。这是一方面。另一方面,今天我们国家是各民族团结的大家庭,实行民族团结的政策,各民族互相尊重,友好相处。在这样的情况下,我们怎么来看待历史上的民族关系?譬如明朝和蒙古的关系、北宋和契丹的关系、清朝满族和汉族的关系,等等。对这些问题,有不少人感到难以处理。其实很简单,从今天学习历史的角度来说,从几千年各个民族发展的历史来说,我们应该把我们国家历史上的民族关系当作内部矛盾来处理。无论是蒙古或者契丹,无论是西夏或者女真,都是这样。经过几年的研究,我们得出这样的看法：就是凡是今天在我们中华人民共和国的疆域之内的各民族，不论是哪一个民族，历史上的关系，都是我们自己内部的问题，不能当作敌我矛盾来处理，不能把它们当作外国。要是当作外国，那问题就严重了。我们不能继承中华人共和国成立以前那些历史书、教科书和某些论文中的带有民族偏见的错误观点。总之，我们今天的看法可以分为两个方面：一方面必须实事求是，历史是怎么样就怎么样写。明朝和蒙古是打了几百年的仗，这个历史事实不能改，在当时是敌对关系，这一点不能隐讳，也不能歪曲。另一方面，凡是我国疆域以内的各民族，不管它在历史上是什么关系，今天我们看都是内部问题，内部矛盾。两个兄弟吵架，不能作为侵略和被侵略来处理。今天，蒙古族是我们五十几个兄弟民族里面的一个，我们今天来讲这段历史的时候，就不能像当时那样对蒙古族采取诬蔑、谩骂、攻击的语言。要互相尊重。明朝是骂蒙古的，蒙古也骂明朝，这是历史事实。但这是他们在骂，不是我们在骂，我们应该实事求是地记录。如果我们也用自己的话来骂就不对了。你有什么道理骂蒙古族？你根据什么事情骂？所以要正确处理历史上的民族关系。

至于区别战争的性质问题，是正义战争还是非正义战争的问题，我们不能把少数民族打汉族的战争不加区别地都说成是正义的，也不能把汉族为了自卫而进行的战争都说成是非正义的。应该就事论事，就战争发生的原因、经过情况、是非来判断战争的性质。比如说，汉朝和匈奴的关系。匈奴来打汉朝，他抢人家的东西，屠杀人畜；汉朝为了自卫，就应该还击，这当然是正义的。唐朝和突厥的关系也是一样。突厥经常来打，唐朝为了自卫进行还击，也是正义的。明朝和蒙古的关系。蒙古人要南下，明朝组织力量反抗，这同样也是正义的。但是，历史上汉族与少数民族之间的战争，也不是正义都在汉族的一边，这需要根据当时历史情况作出具体分析，不能一概而论。汉族经常欺侮一些小民族，打人家，这是非正义的。少数民族中的一些统治阶级为了自己的阶级利益，闹分裂，闹割据，打汉族，也同样是非正义的。所以要具体分析，不能笼统地对待。不是哪个民族大、哪个民族小的问题，也不是简单的谁打谁的问题，而是要根据战争的情况、双方人民的利益来判断战争的正义性与非正义性。

明朝和蒙古的关系始终是敌对的关系，这个问题以后到清朝才解决。清朝打明朝经过了长期的战争，在这个战争中清朝采取联合蒙古的政策，取得了蒙古的支持。在入关之后，清朝对待蒙古的政策是通过婚姻关系来保持满、蒙两个民族之间的和平，清朝皇帝总是把自己的女儿嫁给蒙古的酋长。乾隆过生日时，来拜寿的一些蒙古族酋长都是他的女婿、孙女婿、曾孙女婿。所以，万里长城在清朝失去了意义。秦始皇修筑万里长城在历史上是起了作用的。早在战国时代，北方一些国家，像燕国、赵国为了抗拒外族的侵略，已经修筑了一些城墙。秦始皇统一六国之后，把这些国家所修的城墙联结起来加以扩展，就成为万里长城。我们现在看到的长城是经过许多朝代修建的，特别是青龙桥八达岭这一段不是秦始皇修的，而是明朝后期修的。我们在评论历史上某一件事情的好坏时，应该用辩证的方法。秦始皇修万里长城花了很大的力量，死了不少人，这是坏的一方面；可是另一方面，长城在漫长的历史过程中也的确起了作用。虽然它不能完全堵住北方各民族向南发动战争，但是，无论如何，它起了一部分作用，至少因为有了这样一个防御工事，使得长城以南众多的人口可以从事和平的生产。把长城的作用估计过高，认为有了这一条防线，北方的少数民族就进不来了，这是错误的。他们还是进来了，而且进来不止一次。但是，由于有了这个防御工事，使得北方一些少数民族的军事进攻受到阻碍，这种作用，直到明朝还是存在的。所以明朝还继续修缮长城。只有到了清朝，这样的作用才不再存在了。当然，清朝和蒙古也有几次战争，不过跟明朝的情况比较起来就不同了。明朝和蒙古始终是敌对的关系。清朝不是这样，清朝和蒙古只是个别时候发生过战争。今天情况就更不同了，国家性质改变了，我们采取民族团结、民族区域自治的政策，内蒙古自治区是我们中华人民共和国的组成部分之一，现在长城只是作为一个历史文物而保留着。世界上有七大奇迹，长城是其中之一，是世界上最伟大、最古老的工程之一。

明朝和蒙古的关系，是明朝历史上的一个特征，跟过去的情况不一样，跟以后的情况也不一样。此外，明朝和倭寇的关系，即所谓南倭问题，也是这个时代很突出的一个问题。明朝以前没有这样的情况，明朝以后也没有这样的情况。

研究明朝和倭寇的关系，光从中国的情况、中国的材料出发，还不可能得到全面的理解，还必须研究日本的历史。不研究日本的历史就很难理解当时为什么会有那么一些人专门从事抢劫，进行海盗活动，而且时间是如此之长，破坏是如此之严重。但是看看当时日本国内的情况，问题就很容易理解了。所以我们先讲讲日本的情况。

明朝的历史是从1368年开始的。而日本从1236年起，内部分裂为南朝、北朝。京都是北朝的政治中心，吉野是南朝的政治中心。这个分裂的局面，长达六十年之久。一直到1392年南朝站不住了，才投降了北朝。分裂期间，日本有两个天皇：京都有一个天皇，吉野有一个天皇。正当日本南北朝分裂的时候（1336—1396），明朝建立起来了。明朝建立初年，正是日本南北朝分裂的后期。

当时日本的政治形势怎么样呢？日本有天皇，可是那个天皇是虚的、无权的，是一个傀儡。不只是那个时候的天皇是傀儡，凡是明治维新以前的天皇都是傀儡，地位很高，可是政治上没有实际权力。掌握实权的是谁呢？是将军。当时的将军称为征夷大将军。将军有幕府，当时的幕府叫室町幕府，也叫足利幕府。那时日本处在封建社会，有很多封建领主，这些封建领主有很多庄园，占有很多土地，有自己的军事力量，他们不完全服从幕府的命令，各自在自己的势力范围内实行封建割据。足利幕府建立之后，由于它的经济基础很薄弱，不能完全控制他们。所以，在足利幕府时代，由于地方经济的发展，封建领主势力强大，在幕府控制下的中央财政发生了困难。怎么办呢？它就要求和明朝通商，做买卖。足利幕府的第三代叫足利义满，他派人到明朝来，要求和明朝通商。明朝政府当然欢迎，但是对日本的情况不了解，对国际形势缺乏认识，不知道日本国内已经有了天皇，糊里糊涂地就封足利义满为日本国王。足利义满希望通过和明朝通商来加强自己的经济地位，减少财政困难。但是，由于当时日本是处在一种分裂割据的状态，那些大封建领主并不听他的话。而在那些大封建领主下面有一批武士，由于得不到土地，生活困难，于是他们就到海上去抢劫，成为倭寇。这就是倭寇的来源。所以当时的情况是，一方面幕府和明朝有交往；另一方面幕府下面那些封建领主一批批地来破坏这种交往，到处抢劫。幕府不能控制那些诸侯、封建领主，最后发生了内战。从1467年到1573年这个时期，是日本历史上的"战国时期"。这个时期延续了一百多年，日本国内到处打来打去，战争频繁，人民不能正常地进行生产，因而土地荒废，粮食不够。这样，就使更多的人参加到倭寇的队伍中来。这就是日本在"战国时代"，也就是明朝中期（1467—1573）之后，倭寇侵略更加严重的原因。

从中国的情况来说，中国遭受倭寇的侵犯从明朝一开始就发生了。在明朝建国以前，倭寇已经侵略高丽。那时候，高丽王朝的政治很腐败，没有能力抵抗。接着倭寇南下骚扰我国沿海各地，从辽东半岛到山东半岛，到江苏、浙江、福建、广东，到处侵犯。洪武二年（1369）明朝政府派海军去抵抗倭寇。1384年之后又派了一个大将在山东、江苏、浙江沿海地区修了五十九个军事据点防御倭寇。1387年又在福建沿海地区修建了十六个军事据点。所以，从洪武时代起，倭寇就已在危害中国。在永乐时代，1419年倭寇大举进攻山东沿海地区。明朝军队狠狠地打了他一下,把这一股倭寇全部消灭了。倭寇的侵扰引起了明朝政府内部在政治上的争论。当时明朝政府专门设立了三个对外贸易机构,叫作"市舶司"。这三个市舶司设在广州、宁波和泉州。这些地方是当时的对外通商口岸,外国人可以到这里来做买卖。当倭寇侵略发生之后,有的人认为,倭寇之起是由于对外通商的缘故,因为你要做买卖,所以日本海盗就来了。最好的办法就是把市舶司封闭掉,对一切国家一概不做买卖。这种论调在明朝政府中占了优势,结果在1523年把三个市舶司撤销了。

撤销市舶司之后发生了另外一个问题。浙江、福建、广东等东南沿海地区,人口密度高,人多耕地少,不少人没有生产资料。这些人做什么呢?在通商的时候他们借一点资本出去做买卖,买一些外国货到中国来卖,把中国的土产卖出去。因此,这些人是依靠通商来维持生活的。这是一种情况。另外还有一种情况,就是东南沿海的一些大地主,他们看到对外通商的收入比在农业生产上进行剥削要多好几倍,因此从事对外贸易。他们自己搞了很多海船载运中国土产出国,同时把外国商品带回来卖。沿海大地主依靠通商发财,这在当时叫作"通番"。"通番"的历史已经很久了,宋朝后期就有许多大地主组织船队出海通商的事。宋代关于这一类事情的记载很多,元朝也有。民间有这样一个传说,说明朝有一个大富翁叫沈万三,他家里有一个聚宝盆,这个盆里可以出很多宝贝。这是传说,事实并不是这样。事实是他搞对外贸易发了财。有人说他富到这样的程度，明太祖修建南京城时，有一半是他出的钱；此外，每年还要他出很多钱。因为在明朝和元朝作斗争的时候，他曾经站在元朝这一边。所以后来明太祖干脆把他的家产全部没收了，把他充了军。有的说是充军到云南，也有的说是充军到东北。这个故事说明，当时是有这么一部分人是依靠通商和对外贸易来发财的。所以，当时东南沿海地区的情况是，一方面许多贫民依靠对外通商来维持生活，其中有一些穷苦的人长期停留在国外，这一批人就成为华侨。现在南洋各个地方都有华侨，大体上以广东、福建人为多；另一方面，沿海一些大地主依靠通商来发财。因此，当1523年，由于倭寇不断骚扰沿海，明朝政府封闭了市舶司，断绝了对外通商关系时，就发生了新的问题：一方面很多穷苦人失去了生活来源；另一方面，沿海大地主失去了发财机会。他们要求恢复通商。在这种情况下，某些地主集团便采取反抗手段。你禁止通商，他就秘密通商。他们自己组织船队出去，其中有一些照样发了财，有一些就遭到倭寇的抢劫；而另外一些则采取和倭寇合作的办法，他们也变成了倭寇。他们组织船队出去，能够做买卖就做买卖，不能做买卖就抢。因此，倭寇主要是日本海盗，但其中也有一部分是中国人。

除了倭寇之外，当时还有一种情况，即在十六世纪初年（1513），葡萄牙人到东方来了。这些葡萄牙人一方面进行通商活动，另一方面也进行海盗活动。不但进行海盗活动，而且占据了我国福建沿海的一些岛屿。

1546年，也就是日本的"战国时代"，倭寇对沿海的侵略更加严重了,浙江宁波一带受到严重的损害。明朝政府派了一个官员总管浙江、福建两省的军事,防御倭寇。这个官员叫朱纨,他坚决执行禁海方针,任何人都不许出去。坚决用军事力量打击倭寇,打击葡萄牙海盗。把抓到的九十多个海盗头目——有日本人,有葡萄牙人,也有中国人——都杀掉了。这样一来引起政治上的一场轩然大波。因为被杀的这些人里面,有一些是沿海的大地主派出去的,把这些人杀了,就损害了沿海大地主阶级的利益。这些大地主集团在北京中央政权机构里的代言人(主要是一些福建人)大叫起来了,他们向皇帝控告朱纨,说他在消灭海盗时,错杀了良民和好百姓。这样就展开了政治斗争。在政府里和地方上形成两派:一派要求对外通商,一派反对通商。大体上沿海一些大地主坚决主张通商,而内地一些大地主反对。为什么内地的大地主反对呢?因为他们不但得不到通商的好处,而且海盗扰乱的时候,还要出钱,他们吃了亏。通商派和反通商派的斗争很激烈,代表闽、浙沿海大地主利益的许多官员都起来反对朱纨。朱纨也向皇帝上疏为自己辩护,并且很愤慨地说:"去外国盗易,去中国盗难;去中国濒海之盗易,去中国衣冠之盗尤难。"这样,浙江、福建沿海的大地主集团更加恨他,对他的攻击更厉害了。结果明朝政府就把他负责的浙江、福建两省的军事指挥权撤销了,并且派了一个官员来查办这件事。最后朱纨在"纵天子不欲死我,闽浙人必杀我"的情况下自杀了。

  朱纨失败了,倭寇问题没有解决。1552年之后,情况更加严重。在浙江沿海一带,倭寇长驱直入。一直到1563年的十一年中间,不但江苏、浙江、福建的许多城市、农村受到倭寇的烧杀、抢劫，倭寇甚至还打到南京城下，打到苏州、扬州一带。

这个时候，明朝的军事力量已经腐化了。明朝在地方的军事制度是卫所制，一个卫有5600人，一个千户所有1120人，一个百户所有120人。军队和老百姓分开，军户和民户分开。军人是世袭的，父亲死了以后，儿子接着当兵。明朝初年的军事力量是相当强大的，因为它有经济作基础，那时，明朝实行屯田政策，军队要参加生产。办法是国家拨一部分土地给军队，军队里抽一部分人，参加农业生产。自己生产粮食供应军队的需要，国家再补贴一部分。所以，尽管军队的数量很大，最多时达到两百多万人，可是国家的财政开支并不大。以后由于许多地主、官僚把屯田吞没了，把军队的钱贪污了，所以屯田的面积愈来愈小，粮食收入愈来愈少。同时，有些军官把士兵拉来替他搞私人劳动，在家里服役。此外，由于军队和老百姓是分开的，军户和民户是分开的，军人的服装、武器要自备；把河北人派到云南去，山东人派到浙江去，世世代代当兵，结果部队中逃亡的比例愈来愈大。从明朝初年一直发生军队减员的现象，以后愈来愈严重，往往一个单位的逃亡比例达到十分之七八，一百人当中只剩下二三十人。怎么办呢？明朝政府就采取这样的办法：张三如果逃跑了，就把他的弟弟、侄子抓去顶替。如果他家里没有人可以顶替，就抓他的邻居去代替。但是这些被抓去顶替的人又逃跑了。所以军队数量愈来愈少，质量愈来愈低。军官也腐化了。

从明太祖到明成祖，在沿海建立了许多军事据点，组织了海军，建造了一些战船。到这时这些战船因为用的时间太久了，破破烂烂，不能再用了。按照规定，船过一定时期要修一次。可是由于修船的钱也被军官贪污了，没办法修，所以战船愈来愈少。

　　由于上面这几方面的原因，明朝的军事力量腐化了，军队不能打仗了。在1552年之后，往往是数量不多的倭寇登陆之后，一抢就是几十个城市，抢了就跑。各地方尽管有很多军队，但是不能抵抗。人民遭受到深重的灾难。特别应该指出的是，倭寇所侵犯的这些地区都是粮食产区，是最富庶的地方。像江苏（包括长江三角洲）、浙江及福建沿海地区，都是最富庶的地区，经济最发达的地区。这些地方长期遭到抢劫一直到什么时候呢？一直到1564年才改变这种局面。这时，出现了戚继光、俞大猷等有名的军事将领。戚继光看到原来的军队不能作战了，就自己练兵。他了解到浙江义乌县的农民很勇敢，便招募了义乌县的农民三千人，成立了一支新军，进行严格的军事训练。他根据东南地区的地形，组织了一个新的阵法，叫作"鸳鸯阵法"。这个阵法的主要特点是各个兵种互相配合，长武器和短武器结合使用。更重要的是他有严格的军事纪律，对兵士进行严格的军事训练。经过两三年之后，他的这支军队便成了最有战斗力的军队。当倭寇侵入浙江的时候，在台州地区，戚继光的军队九战九胜，把浙江地区的倭寇消灭光了。以后把福建地区的倭寇也消灭了。他和俞大猷及其他地区的军事将领经过十年左右的努力，彻底解决了倭寇问题。

　　可是，在倭寇问题解决之后，又发生了新的问题。这时日本国内的情况发生了变化，原来的幕府被推翻了，新的军阀起来了。这就是丰臣秀吉。丰臣秀吉用军事力量统一了国内。不过这是表面上的统一，实际上国内各地还是一些封建领主在统治着。这些封建领主拥有强大的军事力量，他不能完全控制。为了把尚未完全控制住的封建领主（大名）的目标转向国外，并消耗他们的实力，以稳固自己的统治，于是丰臣秀吉就发动一次侵朝战争，派军队去打朝鲜。他写信给朝鲜国王，说他要去打明朝，要朝鲜让路，让他通过朝鲜进入我国东北。他的军事野心非常狂妄，准备征服整个中国，然后把他的天皇带到中国来，以宁波为中心，建立一个庞大的帝国。步骤是：第一步占领朝鲜；第二步占领中国；第三步以中国为中心，向南洋群岛扩张。面临着这样的形势，明朝政府怎么办？有两种主张：一种认为日本打朝鲜与中国无关；另一些人看到了唇亡齿寒的关系，认为朝鲜是我们友好的邻国，丰臣秀吉占领朝鲜以后就会向中国进攻，因此援助朝鲜也就是保卫自己。经过一番争论，后一种意见占了优势，明朝派了军队出去援助朝鲜。这时候，朝鲜已经很混乱，大部分地区被日本军队占领，国王逃跑。明朝政府动员全国的力量来帮助朝鲜，前后打了七年（1592—1598）。由于中国人民的援助，朝鲜军队的奋勇抗战，特别是朝鲜海军名将李舜臣使用一种叫"龟船"的战舰，发挥了很大的作用，最后把日本侵略军打败了。1598年，丰臣秀吉病死。日本侵略朝鲜的军队跑掉了，战争结束了。

所以，我们和朝鲜的历史关系很深远，在甲午战争前三百年，中国就出兵援助过朝鲜，共同反抗外来的侵略。在中华人民共和国成立之后,我们的经济还没有恢复,美帝国主义就越过"三八线",向朝鲜民主主义人民共和国进攻。情况很严重。我们又进行了抗美援朝运动,派出了志愿军支援了朝鲜人民。

这一段历史使我们得到这样的认识:日本军国主义者不是这个时代才有,而是有其长远的历史原因。他总是要侵略别人的,从倭寇起,以后不断地向外侵略,1598年侵略朝鲜,甲午战争时期占领我国东北,1937年以后占领了我国大部分地方。我们进行了抗日战争才取得了胜利。要了解和熟悉日本的情况,必须要了解和熟悉我们自己的历史情况,这样才能对我们很接近的国家有正确的看法。当然,说日本的军国主义有长远的历史原因,绝对不等于说日本人民都是侵略者。如果得出这样的结论,那就是错误的。但是日本的统治者,不管是过去的封建主,或者是近代的军国主义者,都是侵略成性的。中国与日本是一衣带水的邻邦,两国之间有着悠久的历史文化联系。但是在近代的半个多世纪中,由于日本军国主义的侵略,给中日两国人民带来了灾难。现在中日两国人民,都要从惨痛的历史中吸取有益的经验教训,使惨痛的历史永不重演,建立和巩固两国人民的友好关系。

明朝的历史情况与过去不同,与倭寇的斗争,与蒙古贵族的斗争贯穿着这个时代。明朝以前没有这样的情况,明朝以后也没有这样的情况,这是明朝历史的特征。要抓住这个特征才能够了解明朝人民的负担为什么那么重。因为北边有蒙古问题,沿海有倭寇问题,就要有军队打仗。军队要吃饭、要花钱,这些负担都落在人民身上。

所以明朝的农民受着无比深重的苦难。在这样的情况下，从明朝开国一直到灭亡，都不断发生农民战争。农民战争次数之多，规模之大，时间之久，分布地区之广，在历史上没有任何一个时期可以和明朝相比。

东林党之争

东林党之争是明朝末年历史上的一个特征。

首先应该明确这样一个问题,历史上所谓党与我们今天所说的党是两回事,不能把历史上所说的党和今天的政党混同起来。历史上所说的党并没有什么组织形式,参加哪个党是没有任何形式的,既不要交党费,也没有组织生活,更没有党章和党纲。然而在历史上又确实叫作党。历史上所谓党是指的什么呢?是指政治见解大体相同的一些人的集团,也就是统治阶级内部某些人无形的组合。明朝的东林党,它的情况大致是这样:在江苏无锡有个书院叫东林书院,这是一所学校。当时有两个政府官员,叫顾宪成和顾允成,两兄弟在北京做官的时候,由于他们的政治见解与当时的当权人物相抵触,便辞官不做,回家后在东林书院讲学。他们很有学问,在地方上声望很高,为人也正派。这样,和他们意气相投的人跟他们的来往便越来越多了。不但在地方上,就是在北京,有一些官员跟他们的来往也比较多。他们以讲学为名，发表一些议论朝政的意见。这样，从万历二十二年（1594）开始，一直到明朝被推翻，前后五十年间，在明朝政治上形成了一批所谓东林党人，和另外一批反对东林党的非东林党人。非东林党人后来形成齐（山东）、楚（湖北）、浙（浙江）三派，与东林党争论不休。这五十年中间，在几件大事情上都有争论。你主张这样，他反对；他主张那样，你反对。举例来说，党争中最早的一个问题，就是所谓"京察"问题。"京察"这两个字大家都认识，但是不好懂。这是古代历史上的一种制度，就是政府的官员经过一定的时期要考核，相当于现在的考勤考绩。主持考勤考绩的是吏部尚书、吏部侍郎（相当于现在的内务部长、副部长），他们主管文官的登记、资格审查、成绩考核及任免、升降、转调、俸给、奖恤等事。当时考取进士以后，有一部分进士就安排做科道官。科就是六科给事中，道就是十三道御史。六科就是按照六部（吏、户、礼、兵、刑、工）来分的。道是按照行政区划来设置的。当时全国有十三个布政使司，设了十三道御史，譬如浙江道有浙江道御史。科道官都是监察官，当时叫作"言官"。他们本身没有什么工作，只是监察别人的工作，提出赞成的或者反对的意见。他们的任务就是说话，所以叫"言官"。每次"京察"，吏部提出某些人称职，某些人不称职。1594年举行"京察"的时候，就发生了争论，这一部分人说这些人好，那一部分人说不好。凡是东林党人说好的，非东林党人一定说不好。争论中掺和了封建社会的乡里（同乡）关系。譬如齐、楚、浙就是乡里关系。不管这件事情正确不正确,只要是和我同乡的人,都是对的。还有一种同门的关系。所谓同门就是指同一个老师出身的。不管事情本身怎么样,只要跟我是同学,就都是对的。至于对亲戚、朋友则更不用说了。就在这样的封建关系组合之下,从1594年"京察"开始,一直争吵了五十年。

继"京察"问题之后,接着发生了"国本之争"。所谓"国本"就是国家的根本。我们今天说国家的根本就是人民,没有人民就没有国家。当时并没有这样的概念。那时候所谓"国本"是指皇帝的继承人问题。万历做了多年皇帝,按照过去的惯例,他应该立一个皇太子,以便他死后有一个法定的继承人。可是他不喜欢他的大儿子,他所喜欢的是他的小老婆(郑贵妃)生的儿子福王(以后封在河南洛阳),所以他就迟迟不立太子。有些大臣就叫起来了,他们认为国家的根本很重要,也就是说第二代的皇帝很重要,应该早立太子。凡是提议立太子的,万历就不高兴,他说:我还活着,你们忙什么!这样,有人主张早立太子,有人反对立太子,争吵起来了,这就叫"国本之争"。

跟着又发生了一个案子叫"梃击案"。有一天早晨,突然有一个人跑到宫里来见人就打,一直打到万历的大儿子那里去了。当然,这个人马上被逮住了。可是这里发生了一个问题,是谁叫他到宫里来打万历的大儿子的?当时有人怀疑是郑贵妃指使的。这是宫廷问题,却成了当时政治上的一个大问题,引起了争吵,东林党与非东林党大吵特吵。

万历做了四十八年皇帝，死了。他的大儿子继位不到一个月又死了。怎么死的呢？搞不清楚。据说他在病的时候，有一个医生给他红丸药吃，吃了以后就死了。这样就发生了一个问题，这个皇帝是不是被毒死的？是谁把他毒死的？因此又发生了所谓"红丸案"。各个集团之间又争吵起来了。

正在争吵的时候，发生了另外一个问题：就是这个只做了个把月的皇帝死了以后，他的儿子继位，还没成年。这个短命皇帝有个妃子李选侍，她住在正宫里不肯搬出来。她有政治野心：想趁这个小孩做皇帝的机会把持朝政。这样，又发生了争论，有一些人出来骂她：你这个妃子怎么能霸着正宫？逼着她搬出去了。这个案件叫"移宫案"。京戏里有一出戏叫《二进宫》，就是反映这件事的，不过把时代改变了，把孙子的事情改成了祖父的事情。

"梃击""红丸""移宫"是当时三大案件，成为当时争论最激烈的事件。在这样的情况下，政治上出现了什么现象呢？每一件事情出来，这批人这样主张，那批人那样主张，争论不休，整天给皇帝写报告。到底谁对谁不对？从现在来看，东林党与非东林党之争，一般地说，道理在东林党方面。东林党的道理多，非东林党的道理少。但是，东林党是不是完全对呢？在某些问题上也不完全对。这样争来争去，争不出个是非来，结果只有争论，缺乏行动，许多政治上该办的事没人去管了。后来造成这种现象：某些正派的官员提出他的主张，这个主张一提出来，马上就有一批人来攻击他，他就不能办事，只好请求辞职。皇帝不知道这个人对不对，不作处理，把事情压下来。这个官既不能办事,辞职也辞不成,怎么办?干脆自己回家。他回家以后政府也不管,结果这个官就空着没人做。到万历后期政治纪律松懈到这样的地步:哪个官受了攻击就把官丢了回家,以致六部的很多部长都没人做了。万历皇帝到晚年根本不接见臣下,差不多一二十年不跟大臣见面,把自己关在宫廷里,什么事情也不管。大臣们有什么事情要跟他商量也见不着。政治腐化,纪律松懈,很多重要的问题得不到解决,却专搞无原则的纠纷。大是大非没人管了,成天纠缠在一些枝节问题上面。

　　这种无休止的争吵影响到一些重大的政治事件的发展。譬如日本侵略朝鲜,中国到底应不应该援助朝鲜,在这个问题上发生了争论。后来还是派兵去支援了朝鲜,第一个时期打了胜仗,收复了平壤。后来又派兵去,由于麻痹大意,打了败仗。打了败仗以后,政府里又发生争论了,主和派觉得和日本打仗没有必要,支援朝鲜意义不大,不如放弃军事办法,转而采取政治办法来解决问题。他们主张把丰臣秀吉封为日本国王,并答应和他做买卖。历史上封王叫作朝,做买卖叫作贡,所谓朝贡,说得通俗一点,就是你带些物资来卖给我,我给你一些物资作交换。在这种情况下,明朝政府只好一面按照主战派的主张,继续派兵援助朝鲜;一面派人暗中往来日本进行和议。后来明军与朝鲜军大败日本侵略军,日本愿和了。明朝政府便按照主和派撤兵议和的主张,允许议和。并派人到日本去办外交,封丰臣秀吉为国王。但日本国内本来已经有天皇,因此丰臣秀吉不接受王位,而且提出了很强硬的条件。结果外交失败了。

日军重新侵略朝鲜。明朝政府只好再次出兵，最后打败了日军。由于追究外交失败的责任，又引起了争论。

　　这种影响在"封疆案"的问题上表现得更加明显。万历死后，东林党在政府做官的人越来越多了。这时北京有一个"首善书院"（在北京宣武门内），在这里讲学的也是东林党人。这些人在政治上提出意见时，非东林党人就起来攻击，要封闭这个书院。东林党人当然反对封闭。这样吵了二三十年。这个争论最后演变成什么局面呢？当时万历皇帝的孙子熹宗（年号天启，是崇祯皇帝的哥哥）很年轻，不懂事，光贪玩。他宠信太监魏忠贤，军事、政治各个方面都是太监当家。一些地主阶级的知识分子由于在魏忠贤门下奔走而当了官。凡是属于魏忠贤这一派的，历史上称为"阉党"。阉党里面没有什么正派人。东林党是反对阉党的。因此，党争发展到这个时候，就变成了地主阶级的知识分子与宦官的斗争。这个斗争影响到东北的军事形势。在万历以前，东北的建州女真已经壮大起来了，不断进攻辽东，占领了许多城市。到天启时代，明朝防御建州女真的军事将领熊廷弼提出一系列的军事上和政治上的主张，他认为跟建州女真进行军事斗争时，明朝军队不能退回到山海关以内，而应该在山海关以东建立军事据点。当时前方的另一个军事将领叫王化贞，他不同意这个意见，他认为只能依靠山海关来据守。熊廷弼虽然是统帅，地位比王化贞高，但是没有军事实权。而王化贞得到了魏忠贤的支持。这样，熊廷弼的正确意见因为得不到支持而不能贯彻，结果打了败仗，王化贞跑回来了，熊廷弼也跑回来了，山海关以东的很多地方都丢了。北京震动，面临着很严重的军事危机。在这种情况下又发生了有关"封疆案"的争论。当时追究这次失败的责任，到底是熊廷弼的责任，还是王化贞的责任？从当时的具体军事形势来看，熊廷弼是正确的，但他没有军队来支持。王化贞有十几万军队，坚持错误的主张，因此王化贞应该负责。但是因为熊廷弼得罪了很多人，结果把这个责任推到他身上，把他杀了。很显然，这样的争论和处理大大地影响了前方的军事形势。

"封疆案"以后，跟着就是魏忠贤对东林党人的屠杀。因为一些在朝的东林党人认为魏忠贤这样胡搞不行，就向皇帝写信控告他的罪恶。当时有杨涟等人列举了他的二十四条罪状。这些东林党人的行为得到了其他官员的支持。这样，东林党和阉党就面对面地斗争起来。由于魏忠贤军权在握，又指挥了特务，而东林党人缺乏这两样武器，结果大批的东林党人被杀。当时被杀的有杨涟、左光斗、周顺昌、黄尊素、缪昌期等。其中周顺昌在苏州很有声望，当特务逮捕他的时候，苏州的老百姓起来保护他。最后这次人民的斗争还是失败了，人民吃了苦头，周顺昌被带到北京杀害了。

熹宗死了以后，明朝最后的一个皇帝——崇祯皇帝比他哥哥清楚一点，他把魏忠贤这伙人收拾了，把一些阉党分子都杀了（魏忠贤是自己上吊死的）。但是这场斗争是不是停止了呢？没有停止，东林党人跟魏忠贤的余孽在崇祯十七年（1644）的时候还在继续斗争。崇祯五年（1632），一些东林党人的后代跟与东林党有关系的地方上的知识分子组织了一个团体，叫作"复社"，以后又有"几社",有大批青年知识分子参加。表面上他们是以文会友,写文章、写诗,是学术研究组织,实际上有政治内容。大家可能看过《桃花扇》这出戏,这出戏里的侯朝宗、陈贞慧、吴应箕、冒辟疆四公子都是复社里面的人。当时李自成已经占领了北京,崇祯上吊死了。这个消息传到了南方,没有皇帝怎么办?这时一些阉党人物就想拥小福王(由崧)来做皇帝。原来万历把最喜欢的那个儿子福王(常洵)封在河南洛阳,这是老福王。这个人很坏,在他封到洛阳时,万历给他四万顷土地,河南的土地不够,还把邻省的土地也给他。老百姓都恨透了。李自成进入洛阳以后,把老福王杀掉了。小福王由崧(这也不是个好东西)逃到南京。当时在南京掌握军事实权的是过去和魏忠贤有关系的阉党人物马士英,替他出主意的也是一个阉党分子,叫阮大铖,他们把小福王抓到手中,把他捧出来做皇帝。可是政府里面另外一批比较正派的人,像史可法、高弘图、姜日广等主张立潞王(常淓)做皇帝。这个人比较明白清楚。但马士英他们先走了一步,硬把福王捧出来做了皇帝。这样,在南京小朝廷里又发生了东林党与非东林党之争。因为马士英和阮大铖是当权的,史可法被排挤出去,去镇守扬州。在清军南下的时候,史可法坚决抵抗,在扬州牺牲了。马士英和阮大铖在南京搞得不像样,清军一步步逼近南京。这时候小福王在做什么呢?在跟阮大铖排戏。也就在这个时候,上面说的四公子就起来反对阮大铖,他们出布告,揭露阮大铖过去是魏忠贤的干儿子,名誉很不好,做了很多坏事,不能让他在政府里当权,号召大家起来反对他。南京国子监的学生也支持他们的主张,这样就形成一个学生运动。侯朝宗这些人虽然得到广大知识分子的支持,但是他们根本没有实力。而马士英、阮大铖有军事力量。结果有的人被逮捕了,有的人跑掉了。不久之后,清军占领南京,小福王的政权也就被消灭了。

党争从1594年开始,一直到1645年,始终没有停止过。无论是在政治问题上,还是在军事问题上,都争论不休。这种争论是什么性质的呢?这是地主阶级内部的矛盾。开始是东林党和齐、楚、浙三党之争,后来演变为东林党与阉党之争。由于东林党的主张在某些方面是有利于当时的生产的发展的,因此他们得到了人民的支持。但是反过来说,所有的东林党人都反对农民起义。这是他们的阶级本质决定的。譬如史可法这个历史人物,从他最后这段历史来说是应该肯定的。那时候,清军南下包围扬州,他的军事力量很薄弱,也得不到南京的支持,孤军据守扬州。但他宁肯牺牲不肯投降。这是有民族气节的人,也就是毛主席所说的有骨气。我们中国人是有骨气的,史可法就是这种有骨气的代表人物。但是他以前的历史就不好追究了。他以前干什么呢?镇压农民起义。在阶级斗争极为尖锐的时候,这些人的阶级立场是极为清楚的,反对农民起义,镇压农民起义。即使在他抗拒清军南下的时候,还要反对农民起义。有没有同情农民起义呢?没有。不可能要求统治者来同情被统治者的反抗。

对于这样一段党争的历史,要具体分析,具体研究。党争跟明朝的政治制度有关系。明太祖在洪武十三年(1380)取消了宰相,取消了中书省，搞了几个机要秘书到内廷来办事情。到明成祖时搞了个内阁，这是个政府机构。内阁的权力越来越大，代替了过去的宰相，虽然没有宰相之名，但是有宰相之实。至于给皇帝个人办事的有秘书，就是在宫廷里面设立一个机构，叫作"司礼监"。这是一个内廷机构，不是政府机构。司礼监有一个秉笔太监，皇帝要看什么政府报告，让秉笔太监先看；皇帝要下什么书面指示，也让秉笔太监起稿。皇帝年纪大一些、知识多一些的，还能辨别是非，是不是同意，他自己有主见。可是一些年轻的皇帝就搞不清楚，结果司礼监的秉笔太监就操纵政治，掌握了政权。因为用人和行政的权力都给了司礼监，结果形成了明朝后期的太监独裁。在明朝历史上有很多坏太监，像明英宗时代的王振，明武宗时代的刘瑾，天启时代的魏忠贤等。太监当家的结果，就造成了政府与内廷之争，也就是统治阶级内部地主阶级知识分子与太监争夺政权的斗争。明朝后期五十年的东林党之争就是在这样的背景之下进行的。

随着太监权力的扩大，不但中央被他们控制了，地方也被他们控制了。洪武十三年以后，地方上设有三司（都指挥使司、布政使司、按察使司）。三司是各自独立的，都受皇帝的直接指挥。到了永乐时代，当一个地区发生了军事行动，像农民起义或其他的群众斗争爆发的时候，这三个司往往意见不统一，各管各的。结果只好由中央政府派官员去管理这个地方的事。这个官叫巡抚。巡抚是政府官员，常常是由国防部副部长即兵部侍郎担任。巡抚出去巡视各个地方，事情完了就回来。可是由于到处发生农民战争和民族与民族之间的战争，这个官去了以后就回不来了，逐渐变成一个地方的常驻官了。因为巡抚是中央派去的，所以他的地位在三司之上。过去三司使是地方上最大的官，现在三司使上面又加了一个巡抚。但这能不能解决问题呢？还是不能解决问题。为什么呢？因为巡抚只能指挥这一个地区的军事行动，比如浙江的巡抚就只能管浙江这一个地方。可是遇到军事行动牵涉到几个省的时候，这个巡抚就不能管了。于是又派比巡抚更高的官，即派国防部长——兵部尚书出去做总督。总督管几个省或一个大省。有了总督之后，巡抚就变成第二等官了，三司的地位则更低了。可是到了明朝后期，总督也管不了事。为什么呢？因为战争扩大了，农民战争和辽东的战争往往牵涉五六个省。五六个省就往往有五六个总督，谁也管不了谁。结果只好派大学士出去做督师，总督也归他管。这是一方面。另一方面，明朝为了镇压各地人民的反抗，就派军官到各地去镇守，叫作总兵官，也就是总指挥。统治者对总兵官不放心，怕他搞鬼，因此总是派一个太监去监督，叫作监军。哪个地方有总兵官，哪个地方就有监军。监军可以直接向皇帝写报告，因为他是皇帝直接派出去的。因此，不但总兵官要听他的话，就是像巡抚这一类的地方官也要听他的话。这样，就形成了中央和地方都是太监当家的局面，明朝的政治变成太监的政治了。此外，明朝的皇帝贪图享受，为了满足自己生活上的欲望，哪个地方收税多就派一个太监去，哪个地方有矿藏也派一个太监去，叫作"税使""矿使"。全国的主要矿区，东北起辽东，西南到云南，以及武汉、苏州等大城市都有税使、矿使搜刮民脂民膏。这些太监很不讲道理,他们的任务就是弄钱。他们根本不懂得什么矿,更不懂得怎么开采,却要开矿。只要听说这个地方有金矿就要开,而且规定要在这里开三百两、五百两。如果开不出来怎么办?就要这个地方的老百姓来赔。老百姓要反抗,他就说你的房子下面有矿,把房子拆了开矿。收税也很厉害。苏州有很多机户,纺织工人数量很大。他们要加税,每一张织机要加多少钱。老百姓交不起就请愿。请愿也不行。结果就起来反抗,把太监打死,形成市民暴动。苏州市民暴动出了一个英雄人物,叫作葛贤。这个人后来被杀了。因为明朝政府要屠杀参加暴动的市民,他挺身出来顶住了。不仅在苏州,在武汉、辽宁、云南各个地方都发生了市民暴动。有的地方把太监赶跑了,有的地方把太监下面的人逮住杀了。市民暴动是明朝后期历史的一个特征。人民的生活日益困难,不但农民活不下去,城市工商业者也活不下去了,他们便起来反对暴政。

因此,当时一些比较有见解的政治家,就在政治上提出了一些主张。譬如大家知道的海瑞就是这样。他提出了什么主张呢?他做苏州巡抚,管理江苏全省和安徽一部分。这个地区的土地情况怎样呢?前面说到明朝初年土地比较分散,阶级斗争比较缓和。可是一百多年以后,情况改变了,土地全部集中在大地主、大官僚的手中,而且越来越集中。就在海瑞所管辖的地区松江府,出了一个宰相叫徐阶,他就是一个大地主,家里有二十万亩土地。土地都被大地主占有,农民没有土地,只能逃亡。土地过分集中的结果,使农民活不下去,阶级矛盾越来越尖锐。海瑞看出了毛病,他想缓和这种情况。当然，他不能也不知道采取革命的手段。他采取什么办法呢？他认为要解决人民的生活问题，要使人民不去搞武装斗争反对政府，就必须使这些穷人有土地可种。土地从哪里来呢？土地都在大地主手里，而大地主所以取得这些土地，主要的手段是非法的强占。因此他提出这样一个政治措施：要求他管辖地区内的大地主阶级，凡是强占的土地一律退还给老百姓，使老百姓多多少少有一些土地可以耕种，能够活下去。这样来缓和阶级矛盾。他坚决主张这种做法。这一来，大地主阶级就联合起来反对他，结果这个苏州巡抚只做了半年多就被大地主阶级赶跑了。海瑞的办法能不能解决当时的土地问题？当然不可能。把大地主阶级强占的一部分土地归还给老百姓能不能稍微缓和一下阶级矛盾呢？可以缓和一下。可是办不到，因为地主阶级不肯放弃他们已经到手的东西。海瑞是非失败不可的。类似海瑞这样的政治家当时还有没有呢？有的。他们也感到了阶级矛盾和阶级斗争的严重性，认为这个政权维持不下去。但是能不能提出一个解决的办法呢？谁也没有办法。不但统治阶级，就连农民起义的领袖也提不出解决的办法来。

阶级矛盾日益尖锐的结果，最后形成了明末的农民大起义。崇祯时代，各地方的农民都起来斗争，最后形成两支强大的军事力量，一支以李自成为首，一支以张献忠为首。他们有没有明确地提出解决阶级矛盾的办法呢？也没有。李自成后期曾经提出"迎闯王，不纳粮"的口号争取广大农民的支持，结果他的队伍一下子就发展到一百多万，农民、小手工业者、城市贫民都跟着他走。但是不纳粮也不能解决问题。现在有一个材料,就是山东有一个县,李自成曾经统治过那个地方,当时有人主张分田给百姓。分了没有呢?没有分。他提不出明确的办法,不但提不出消灭地主阶级的根本方针,甚至连孙中山那样的"平均地权"的办法也提不出。所以消灭封建剥削,消灭地主阶级这个根本问题,在古代历史上的任何时期都不能解决。不但地主阶级知识分子、官僚提不出解决办法,就是反对封建地主阶级的农民起义领袖也提不出解决的办法,这个问题只有在我们这个时代才能解决。我们研究过去的农民革命、农民起义时,不能把我们今天的思想意识强加于古人。我们这个时代能办到的事,不能希望古人也能办到。否则就是非历史主义的观点。目前史学界在有些问题上存在一些偏向,总希望把农民起义的领袖说得好一些,说得完满一些,不知不觉地把自己所理解的东西加在古人身上。这是不科学的、非马克思主义的观点。我们只能根据历史事实来理解、来解释、来研究和总结历史,而不可以采取别的办法。

附带讲一个小问题。前面提到巡按御史,到底巡按御史是个什么官?我们经常看京戏,很多京戏里都有这么一个官。所谓八府巡按,威风得很。他是干什么的呢?我们前面讲过御史,就是十三道御史,是按照行政区划设置的。每一道御史的职务就是监察他这个地区的官吏和政务。同时,中央有一个机构叫都察院。都察院的官吏叫左、右都御史,左右都御史下面是左、右副都御史,左、右副都御史下面是左、右佥都御史,再下面就是御史和巡按御史。巡按御史是由都察院派出去检查地方工作的。凡是地方官有违法失职的,他们有权提出意见来。他们还可以监察司法工作,有的案子判得不正确,他们可以提出意见。老百姓申冤的,地方官那里不能解决问题,可以到巡按御史这里来告。这就是戏上八府巡按的来源。御史的官位大不大呢?不大,只是七品官。当时县官也是七品官。知识分子考上进士以后,有一批人就分配做御史。御史管的事情很少,可是在地方上有很高的职权。为什么呢?因为他代表中央,代表都察院,是皇帝的耳目之官。建立这样一种制度的目的是什么呢?目的是想通过巡按御史的监察工作,来缓和当时人民和政府之间的矛盾,解决一些问题。贪官污吏,提出来把他罢免;冤枉的案子帮助平反。于是老百姓对这样的官员寄予很大的希望,希望他们能帮助自己申冤。这种愿望,在当时的一些文学作品中得到了反映。虽然这些人在实际政治生活中并没有解决什么问题,但是一些文学家、艺术家在一定程度上反映了人民的要求,创作了许多这类题材的作品,特别是明清两代有很多剧本是反映这个思想的。这些作品大体上有这样一些共同的内容:一类是描写老百姓受了冤枉,被大地主、大官僚陷害,被关起来或者判处了死刑,最后一个巡按给他翻了案。或者是描写皇庄的庄头作威作福,不但庄田范围以内的佃农,就是庄田附近的老百姓也受他们的欺侮。姑娘被抢走了,家里面的东西被抢走了,后来遇上侠客打抱不平,或者清官出来把问题解决了。在明朝后期和清朝前期,有不少的小说、剧本是描写这些恶霸、庄头的残暴行为的。这是一类。另一类作品反映了当时知识分子的出路问题。当时的知识分子无非是通过考试中秀才、中举人、中进士。

中了进士干什么呢？当巡按御史。因此有很多作品是这样的题材：一位公子遇难，在后花园里遇到一位小姐。小姐赠送他多少银子。以后上北京考上了进士，当上了八府巡按。最后夫妻团圆。这个时期的文学作品大体上有这几方面的题材，反映了这个时期的政治生活、阶级斗争的一些问题。

论晚明"流寇"

明末"流寇"的兴起,是一个社会组织崩溃时必有的现象,像瓜熟蒂落一样,即使李自成张献忠这一班暴民领袖不出来,那由贵族太监官吏和地主绅士所组成的统治集团,已经腐烂了,僵化了,肚子吃得太饱了,搜括到的财富已经堆积得使他们窒息了,只要人民能够自觉,团结成为伟大的力量,要求生存的权利,这一个高高地挂在半空中的恶化的无能的机构,是可以一蹴即倒的。

朱明政权的被消灭,被消灭于这政权和人民的对立,杀鸡求卵。被消灭于财富分配的不均,穷人和地主的对立。在三百年前,崇祯十七年(1644)正月兵科都给事中曾应遴明白地指出此现象,用书面警告政府当局,他说:"臣闻有国家者不患寡而患不均,不患贫而患不安。今天下不安甚矣,察其故原于不均耳。何以言之?今之绅富率皆衣租食税,安坐而吸百姓之髓,平日操奇计赢以役愚民而独拥其利,有事欲其与绅富出气力,同休戚,得乎?故富者极其富而至于剥民，贫者极其贫而甚至于不能聊生，以相极之数，成相恶之刑，不均之甚也。"富者愈富，贫者愈贫，绅富阶级利用他们所有的富力，和因此而得到的特殊政治势力，加速地加重地剥削和压迫农民，吸取最后的一滴血液，农民穷极无路，除自杀，除逃亡以外，唯一的活路是起来反抗，团结起来，用暴力推翻这一集团的吸血鬼，以争得生存的权利。

十七世纪初年的农民反抗运动，日渐开展，得到一切被压迫人民的支持、参加，终于广泛地组织起来，用生命去搏斗，无情地对统治集团进攻，加以打击、消灭。这种运动，当时的统治集团和后来的正统派史家称之为"流寇"。

"流寇"的发动、成长，和实力的扩充，自然是当时统治集团所最痛心疾首的。他们有的是过分的充足的财富、舒服、纵佚、淫荡、美满而无耻的生活。他们要维持现状，要照旧加重剥削来维持欲望上更自由的需要，纵然已有的产业足够子子孙孙的社会地位的保证，仍然像饥饿的狼，又馋又贪，永远无法满足。然而，当前的变化明朗化了，眼见得被消灭，被屠杀了，他们不能不联合起来，用一切可能的方法，加强统治，加强武力，侮蔑、中伤对方，作最后的挣扎。同时，集团的利益还是不能消除个人利害的冲突，这一集团的中坚分子，即使在火烧眉睫的时候，彼此间还是充满了嫉妒、猜疑、钩心斗角、互相计算。在整三百年前，北平的形势最紧张的时候，政府请勋贵大臣富贾巨商献金救国，话说得极恳切，希望自己人能自己想办法，可是，结果，最著名的一个富豪出得最少，他是皇帝的亲戚，皇帝皇后都动了气，才添了一点点，其他的人自然不会例外，人民虽然肯尽其所有报效国家，可惜的是他们早已被榨干了。三月十九日北平陷落后，这些悭吝的高贵的人们，被毫无怜悯的几夹棍几十板子，大量的金子银子珠宝被搜出以后，一批一批地斩决，清算了他们对人民所造的孽债。皇宫被占领以后，几十间尘封灰积的库房也打开了，里面堆满了黄的金子、白的银子！皇宫北面的景山，一棵枯树下，一条破席子，躺着崇祯皇帝和他的忠心的仆人的尸身！

　　站在相反的立场，广大的农民群众，他们是欢迎"流寇"的，因为同样是在饥饿线上挣扎的人们。举几个例子，山西的许多城市，没有经过什么战斗便被占领了，因为饿着肚子的人们到处都是，他们做内应，做先遣部队，打开城门，请敌人进来。山东河南的城市，得到"流寇"的安民牌以后，人民恨透了苛捐，恨透了种种名目的征输，更恨的是在位的地方官吏，他们不约而同，一窝蜂起来赶走了地方官，持香设酒，欢迎占领军的光临，有的地方甚至悬灯结彩，远近若狂。又如宣府是京师门户，北方重镇，被围以后，巡抚朱之冯悬重赏募人守城，没人理会。再三申说，城中的军民反而要求准许开城纳款，朱之冯急了，自己单独上城，指挥炮手发炮，炮手又不理会，毫无办法，急得自己点着火线，要发炮，又被军民抢着拉住手，不许放，他只好叹一口气说："人心离叛，一至如此！"

　　由于政治的腐败，政府军队大部分是勇于抢劫，怯于作战的，他们不敢和"流寇"正面相见，却会杀手无寸铁的老百姓报功，"将无纪律，兵无行伍，淫污杀劫，惨不可言，尾贼而往，莫敢奋臂，所报之级,半是良民"。民间有一个譬喻,譬"流寇军"如梳,政府军如栉,到这田地,连剩下些过于老实的良民也不得不加入"流寇军"的集团去了。名将左良玉驻兵襄樊,奸淫掳掠,无所不为,老百姓气苦,半夜里放火烧营房,左良玉站不住脚,劫了一些商船逃避下流,左兵未发,老百姓已在椎牛设酒欢迎"流寇"了。其他一些将领,更是尴尬,马扩奉命援凤阳,凤阳被焚劫了四天以后,敌人走了,他才慢慢赶到。归德已经解围,尤圯才敢带兵到城下,颍、亳、安、庐一带的敌人已经唱得胜歌凯旋了,飞檄赴援的部队,连影子也看不见。将军们一个个脑满肠肥,要留着性命享受用人格换来的财富,士兵都是出身于贫困阶层的农民,穿不暖,吃不饱,脸黄肌瘦,走路尚且艰难,更犯不着替剥削他们的政权卖命,整个军队的纪律破坏了,士气消沉,军心涣散,社会秩序,地方安宁都无法维持,朱明政权也不能不随之解体了。

"流寇"的初起,是各地方陆续发动的,人自为战,目的只在不被饥饿所困死。后来势力渐大,兵力渐强,政府军每战必败,才有推翻统治集团的企图。最后到了李自成在1643年渡汉江陷荆襄后,恍然于统治集团的庸劣无能,才决定建立一个政权,从此便攻城守地,分置官守,作争夺政权的步骤,一反过去流窜的作风,果然不到两年,北京政府便被消灭,长江以北大部分被放在新政权之下。这是在李自成初起时所意料不及的。其实与其说这是李自成的成功,还不如说是社会经济的自然崩溃比较妥当。

分析朱明政权的倾覆,就政府当局(指国民政府)说,最好的评论是戴笠的《流寇长篇序》，他说："主上则好察而不明，好佞而恶直，好小人而疑君子，速效而无远计，好自大而耻下人，好自用而不能用人。廷臣则善私而不善公，善结党而不善自立，善逢迎而不善执守，善蒙蔽而不善任事，善守资格而不善求才能，善大言虚气而不善小心实事。百年以来，习以为然。有忧念国事者则共诧之如怪物。"君臣都是亡国的负责人，独裁、专制加上无能的结果是自掘坟墓。

就整个社会组织的解体说，文震孟在1635年上疏论致乱之源说："堂陛之地，猜欺愈深，朝野之间，刻削日甚。缙绅蹙靡骋之怀，士子嗟束湿之困。商旅咨叹，百工失业，本犹全盛之海宇，忽见无聊之景色……此致乱之源也。"他又指出政府和人民的对立："边事既坏，修举无谋，兵不精而日增，饷随兵而日益，饷重则税重，税重则刑繁……复乘之以天灾，加之以饥馑……而守牧惕功令之严，畏参罚之峻，不得不举鸠形鹄面无食无衣之赤子而笞之禁之……下民无知，直谓有司仇我虐我，今而后得反之也，此又致乱之源也。"驱民死地，为丛殴雀，文震孟是政府的一员大官，统治集团的一个清流领袖，委婉地说出致乱之源是由于政府的上下当局所造成，官逼民反。

正面的指斥是李自成的檄文，他指斥统治集团的罪状说："明朝昏主不仁，宠宦官，重科第，贪税敛，重刑罚，不能救民水火，日罄师旅，掳掠民财，奸人妻女，吸髓剥肤。"完全违反农民的利益，剥夺人民的生存权利，接着他特别提出他是代表农民利益，而且他本身是出身于农民阶层的,他说:"本营十世务农良善,急兴仁义之师,拯民涂炭,士民勿得惊惶,各安生理。各营有擅杀良民者,全队皆斩。"以除力役,废赋税,保障生活为号召,以所掠得统治集团的财富散给饥民,百姓喜欢极了,叫这政府所痛恨的军队为"李公子仁义兵"。他标着鲜明的农民革命的旗帜,向统治集团作致命的打击。在这种情势下,对方还是执迷不悟,茫然于当前的危机,抱定对外和平、对内高压的政策,几次企图和关外对峙的建州部族,讲求以不失面子为光荣的和平,只用一小部分军力在山海关内外,堵住建州入侵的门户,作消极的防卫,对内却用全力来消灭"流寇"。同时,内部又互相猜嫌排斥,"有忧念国事者则共诧之如怪物",继续过着荒淫无耻的生活。对人民则更加强压迫,搜刮出最后的血液,驱其反抗。政府和人民的对立情势达于尖锐化,以一小数的腐烂的统治集团来抵抗全体农民的袭击,自然一触即摧,朱明的政权于此告了终结。

十七世纪前期的政府和人民的对立,政府军包围,追逐"流寇",两个力量互相抵消,给关外的新兴的建州部族以可乘之机,乘虚窜入,建立了大清帝国。这新政权的本质是继承旧传统的,又给铲除未尽的地主绅富以更甦的机会,民族的进展活力又被窒息了三百年!

附带地提出两件事实:

其一是距今三百零一年前的七月二十五日,当外寇内乱最严重的时候,江苏枫桥,举行空前的赛会,绅衿士庶男女老幼,倾城罢市，通国若狂。

其二是距今三百年前的四月初二，江苏吴江在得到北都倾覆的消息以后，举行郡中从来未有的富丽异常的赛会。

这两次亡国的狂欢之后，接着就是嘉定三屠，扬州十日！

（此文原名《晚明"流寇"之社会背景》，1934年10月发表于天津《大公报·史地周刊》第五、六期。1944年3月重写于昆明）

建州女真问题

现在讲第一部分的最后一个问题,建州女真问题。建州的历史和明朝一样长。在明朝初期和中期的时候,建州女真是服从明朝的。从明朝初年起一直到努尔哈赤的时候都是这样,努尔哈赤曾经被明朝封为"龙虎将军"。但是清军入关以后,清朝皇帝忌讳这段历史,他们不愿意让人们知道他们的祖先和明朝有关系。因此,清朝写的一些历史书把这几百年间建州女真和明朝的关系整个取消了,把这段历史的真实情况隐瞒起来,说他们的祖先从来就是独立的,跟明朝没有关系。凡是记载他们的祖先与明朝的关系的历史书,他们都想办法搜来毁掉。《四库全书总目提要》里有一部分禁毁书目,大体上有两类:一类是书里面有某些文章对清朝表示不满的,另一类就是牵涉到清朝的祖先的。这也是一种地方民族主义思想在作怪。因此这一段历史很长时间被埋没了,最近二三十年才有人进行研究。

现在讲讲建州女真这个部族的发展变化。建州在过去叫女真,金朝就是女真族建立的。建州女真就是金的后代。为什么叫建州呢？因为他们居住的地区长白山一带就叫建州。后来努尔哈赤统治了东北，建立了政权，国号仍称为"后金"。到了他儿子的时候才改国号为"清"。建州在明朝初年的时候，还没有进入农业社会，还不知道种地，生产很落后，文化当然也很落后。那时他们靠什么生活呢？靠打猎、采人参过活。把兽皮、人参一些奇特的物产跟汉人、朝鲜人交换他们所需要的布匹、铁锅一类的东西。所以建州人的经济生活跟汉人、朝鲜人分不开。后来由于人口的增加，对粮食的生产感到很迫切了。但是他们自己不会种，怎么办呢？找汉人、朝鲜人替他们种。于是通过战争把汉人、朝鲜人俘虏过去做他们的奴隶。有大量的汉文和朝鲜资料说明建州族的农业生产是农奴生产。建州贵族自己是不参加农业劳动的。农奴也不是他们本族人，而是俘虏来的汉人和朝鲜人。

他们通过以物换物的方法从汉人那里取得铁器。到了十五世纪后期，他们俘虏了一些汉人铁匠，自己开始开矿、炼铁。有了铁器，生产水平提高了。到了努尔哈赤的时候，通过战争把原来的许多小部族统一起来，定居在辽阳以南一个叫赫图阿拉的地方。努尔哈赤一方面统一了东北的许多部族，另一方面他又用很大的力量来接受汉人的文化。在他左右有一批汉族的知识分子。他和过去的封建帝王一样，注意研究历史，接受历史上的经验教训，来制定他的政策方针和军事斗争方针。

上面简单地谈了一下建州女真的社会发展过程。现在我们来讲讲建州跟明朝的关系。在明朝初期，建州女真分为三种：分布在现在的松花江一带的叫海西女真，因为松花江原来的名字叫海西江。分布在长白山一带的叫建州女真，因为这些人主要居住在现在的依兰县。这个地方在历史上曾建立过一个国家，叫作"渤海国"。渤海国人把依兰县称为建州，因此住在这个地方的女真人称为建州女真。住在东方沿海一带的叫"野人女真"。"野人女真"的文化最落后。海西和建州又称为熟女真。"野人女真"又称为生女真。"野人女真"经常活动在忽剌温江一带，因此野人女真又称为忽剌温女真，也叫"扈伦"。从历史发展来看，熟女真是金的后代，生女真可能是另外一个种族。这三种女真分布的地区大致是这样：东边靠海，西边和蒙古接近，南边是朝鲜，北边是奴儿干（现在的库页岛）。在明朝建国以后，西边就是明朝，南边是朝鲜，北边是蒙古。

在明朝几百年间，东北建州族的历史也就是跟蒙古、朝鲜、明朝三方面发生关系的历史。明朝初期，有一部分建州族住在朝鲜境内，他们和朝鲜的关系很深，有一些酋长还由朝鲜政府封他们的官。同时，这些酋长又和明朝发生关系，明朝也给他们封官号。明朝对这三种女真采取什么政策呢？采取分而治之的政策。所谓分而治之就是不让它们团结成为一个力量，老是保持若干个小的单位。所以从明太祖建国以后起，直到明成祖的几十年间，明朝经常派人到东北地区去，跟三种女真的各个地区的酋长联系，封他们的官，建立了一百多个卫所，用这些酋长充当卫所的指挥使。这样做对这些女真族的上层分子有没有好处呢？有好处，他们接受了明朝的官位以后，就得到了一种权力。明朝政府给他们一种许可证，当时叫作"勘合"。有了这种"勘合"就可以在每年一定的时候到明朝边界来做买卖。没有这个东西就不行。对那些大头头，明朝政府就封他们为都督。历史上最早的建州族领袖有这么几个人，一个叫猛哥帖木儿（这是蒙古名字，当时受蒙古的影响），另一个叫阿哈出。这两个人是首先跟明朝来往、受明朝政府封官的。猛哥帖木儿后来成为明朝所建立的建州左卫的酋长，阿哈出是建州卫的指挥使。根据朝鲜的历史记载，阿哈出和明成祖有过亲戚关系（这点在汉文的记载中没有）。永乐时代，明朝又派了大批官员到东北库页岛地区建立了一个机构，叫"奴儿干都司"。至此，明朝前前后后在东北地区建立了一百八十四个卫所。这些卫所建立以后，明朝政府有什么军事行动，譬如跟蒙古打仗，这些建州酋长就派兵参加明朝的军队。这样，他们慢慢由原住的地方往西移，越来越靠近辽东（就是现在的辽东半岛）。他们一方面跟明朝的关系很好，另一方面也经常发生矛盾。矛盾表现在两个方面：一方面是前面所说的，他们为取得农业和手工业生产的劳动力，就俘虏汉人，这样就引起了冲突；另一个就是通商，物资上的交换得不到满足的时候，也发展成为军事冲突。同样，建州和朝鲜的关系也是如此，有和平时期，也有战争时期。

经过几十年以后，原来的一百八十四个单位发生了变化，有的小单位并到大单位里去了，单位的数目减少了，但是军事力量却强大起来。在这种情况下，建州族某些酋长有时就依靠朝鲜来抗拒明朝，有时又依靠明朝来抗拒朝鲜。结果，明朝政府便跟朝鲜政府商量，在 1438 年，两方面的军队合起来打建州，杀了一些建州领袖。建州因为遭受到这次损失，在原来的地方待不下去了，于是就搬到浑河流域，在赫图阿拉的地方住下来。原来左右卫是分开的，到了这里以后，两个卫所合在一起了。这样，它的力量反而比过去更强大了。到了万历时代，右卫酋长王杲和他的儿子阿台跟明朝发生了冲突。当时明朝在东北的军事总指挥叫李成梁。他是朝鲜族人，是一个很有名的军事将领。他把王杲、阿台包围起来。右卫被包围了，而左卫酋长觉昌安和他的儿子塔克世是依靠明朝的，他们给李成梁当向导。结果明朝的军队大举向右卫进攻，把王杲、阿台杀死了，同时把觉昌安、塔克世也杀死了。塔克世的儿子是谁呢？就是努尔哈赤。所以努尔哈赤以后起兵反对明朝时提出了七大恨，其中有一条就是明朝把他的父亲和祖父杀害了。

努尔哈赤在他父亲和祖父死时还很年轻，当时部族里剩下的人很少了，明朝后期的历史记载说李成梁把他收养下来，所以他从小就接受了汉族文化。长大以后，他就把自己部族的力量组织起来。他采取依靠明朝的方针，把建州族俘虏的汉人奴隶送回给明朝。这样便取得了明朝政府的信任。1587 年，他以自己的军事力量把附近地区的部族吞并了。1589 年被明朝封为都督，力量得到了发展。这个时候，建州部族里面另外两支强大的军事力量发生冲突和残杀，努尔哈赤就利用这次冲突来发展自己的实力。日本侵略朝鲜的时候，他表示愿意帮助明朝打日本。结果明朝和朝鲜都拒绝了他。1595 年，明朝政府封努尔哈赤为龙虎将军，他成了东北地区军事实力最强大的领袖。

正当努尔哈赤的力量越来越强大的时候,明朝政府内部发生了许多问题。1589年,播州土司起兵反抗明朝,打了十几年的仗。1592年在现在的宁夏地区,少数民族的反抗又引起了战争。同一年丰臣秀吉侵入朝鲜,接连打了七年仗。在这样的情况下,明朝自己的问题很多,就顾不上努尔哈赤了。努尔哈赤利用这个机会更加积极地发展自己的力量,统一各个部族。他统一的方法有两个:一个办法是用军事力量征服;另一个办法是通婚,通过婚姻关系把许多部族组织起来。到了1615年,东北辽东半岛以东的大部分地区已经被努尔哈赤所统一了。军事力量壮大以后,他建立了自己的军事制度。1600年,他规定三百人组成一个牛录(大箭的意思)。1615年又进一步把五个牛录组成为一个甲喇,五个甲喇组成为一个固山。他一共有四个固山。每一个固山有一面旗,分为红、黄、蓝、白四个旗,共有三万兵力。后来军事力量更加强了,俘虏的人更多了,于是又增加了四个旗,就是镶红旗、镶黄旗、镶蓝旗、镶白旗。一共为八个旗。后来征服了蒙古族,组成为蒙古八旗。再后来又把俘虏的汉人组成为汉军八旗。他的军事组织跟生产组织是统一的,每一个牛录(三百人)要出十人、四头牛来种地,每家要生产一些工艺品。1599年开始开金矿、银矿,并建立了冶铁手工业。这一年他创造了文字,用蒙古文字和建州语创造了一种新的文字。这种文字后来就成为老满文。加上标点就变成新满文。1616年(万历四十四年),努尔哈赤自称为皇帝,国号"后金",年号"天命",

他认为他的一切都是上天的指示。他这个家族自己搞了一个姓，叫"爱新觉罗"。爱新觉罗是什么意思呢？在建州话里，爱新是金，觉罗是族，就是金族。用这个来团结组织东北女真族的力量。从他的国号和姓就说明他是继承金的。两年以后，他出兵攻打明朝。以上讲的就是努尔哈赤以前东北建州的具体情况。这些情况说明什么呢？

一、建州这个部族并不是像清朝的史书上所记载的那样，是从努尔哈赤才开始的。而是从明朝初年起，建州族就在东北地区活动。

二、建州和明朝、蒙古、朝鲜三方面都有关系。可以明显地看出，猛哥帖木儿就是蒙古名字。汉、蒙古、朝鲜的文化对它都有影响。它接受了这几方面的东西提高了自己。

三、明朝对东北女真族的政策是分而治之，但这个政策后来失败了。女真各部要求团结，从生活和文化的提高来说，从加强军事力量来说，都需要团结在一起。尽管中间遭到一些挫折，但是并不能阻止三种女真的团结。努尔哈赤一生的活动主要是为了实现这个愿望，他统一了东北许多部族。统一是好事还是坏事呢？应该说是好事情，不是坏事。努尔哈赤统一东北的各个部族，在民族发展的历史上是有贡献的。

四、东北建州部族社会发展的过程是：初期过着游牧生活，不善于耕种。后来俘虏汉人、朝鲜人去耕种，有了农业生产；同时也懂得了使用铁器、生产铁器，初步提高了自己的生活水平和生产水平。努尔哈赤取得了沈阳、辽阳以后，封建化的过程加快了，在很大的程度上接受了汉人的文化和生产方式。但是必须了解，建州族在其发展过程中是有自身的特点的。上面所说的八旗，表面上是军事组织，实际上是社会组织和生产组织，这三者是统一的。八旗军队在出去打仗的时候，明确规定俘虏到的人口和物资应该拿出一部分交给公家，剩下的才归自己。在努尔哈赤时代，八旗的头子还都有很大的权力，许多事情都要经过他们共同商量，取得他们的同意后才能作出决定。这种情况一直到努尔哈赤的儿子清太宗的时候才改变，才提高了皇帝的地位，而把八旗首领的地位降低了。

最后讲讲"满洲"这个名字的来源问题。这个名字到底是从什么地方来的？现在还没有完全解决。根据明朝的历史记载，在清太宗以前从来没有出现过"满洲"这个名字。一直到清太宗时才称"满洲"。后来又称为"满族"。在外国的地图上把中国的东北叫满洲，后来我们自己也跟着外国人这样叫。现在可能的解释是：建州族信仰佛教，佛教里有一个佛叫作"文殊"，满族人把文殊念作"满住"。1438年明朝跟朝鲜合起来打建州，很多建州人被杀，其中有一个领袖就叫李满住（女真族里有不少人叫满住，用宗教上的名词作为自己的名字）。可能"满洲"就是从"满住"演变而来的。从"文殊"演变为"满住"，又从"满住"演变为"满洲"。这是一个试探性的解释，还不能说是科学的结论。其他方面的材料还没有。因此，究竟为什么叫"满洲"，现在还不能下最后的结论。

以上我们介绍了建州的一些情况。我们对待汉族和满族的关系，也应该像对待汉族和蒙古族的关系一样。在明朝，汉族和满族之间是打过仗,但是更多的时候是不打仗的。清太宗改国号为清,到清世祖顺治元年(1644)入关,正式建立了清朝。清朝统治中国两百多年,它是中国历史上最后的一个王朝。清朝末年一些革命党人进行反满斗争,出了不少的书,宣传清朝的黑暗统治,宣传反满。这在那个时期是必要的。可是经过几十年,到了现在我们如果还是这样来对待满族就不应该了。我们是多民族的国家,各个民族一律平等。一方面要承认清朝进行过多次非正义的战争,有过黑暗统治;另一方面也要承认清朝统治的两百多年并不都是黑暗时代,其中有一个时期的历史是很辉煌的。譬如像康熙、乾隆时代就是清朝的全盛时代,这个时代不但巩固了国家的统一,而且有所发展。我们中国今天的疆域是什么时候形成的?是康熙、乾隆时代奠定的。我们继承了他们的遗产。所以毛主席说:"今天的中国是历史的中国的一个发展……我们不应当割断历史。"我们对清朝的历史必须要有足够的估价,对康熙、乾隆巩固国家的统一、发展国家的统一也要有足够的估价。应该给它以应有的尊重。不但对历史应该给予应有的尊重,今天在民族关系上也应该注意这点。中华人民共和国成立以后,中央曾经发出过这样的指示,就是"满清"两个字不要连用。清朝就是清朝,满族就是满族。要把清朝统治者和广大的满族人民区别开,并不是所有的满族人都是清朝的统治者。满族人民在清朝统治下同样是受剥削、受压迫的。至于清朝统治者,他们做过坏事,但是在有些事情上也做过好事,而且做了很大的好事。应该从历史事实出发,好就是好,不好就是不好。

明代民族英雄于谦

有一首《石灰吟》：

千锤万凿出深山，烈火焚烧若等闲。

粉骨碎身浑不怕，要留清白在人间。

这首诗是明朝民族英雄于谦写的，经过千锤万击，不怕烈火焚烧，不怕粉骨碎身，要留下清白在人间，写的是石灰，同时也象征了于谦自己的一生。

于谦（1398—1457），字廷益，浙江钱塘（今杭州）人。小时候很聪明，性格坚强。明成祖永乐十九年（1421）二十四岁时中了进士。明宣宗宣德初年（1426）做了御史（监察官），明宣宗的叔父汉王高煦在山东造反，明宣宗亲自带兵讨伐，高煦投降，明宣宗叫于谦当面指斥高煦罪状，于谦义正词严，说得有声有色，明宣宗很赏识他，认为是个了不起的人才。接着于谦被派巡按江西，发现有几百件冤枉的案件，都给平反了。

宣德五年（1430），明朝政府为了加强中央的权力，特派中央比较能干的官员去治理重要的地方，五月间派况钟、何文渊等九人为苏州等府知府。到九月又特派于谦、周忱等六人为侍郎（中央的副部长），巡抚各重要省区。明宣宗亲自写了于谦的名字给吏部，破格升官为兵部右侍郎（国防部的副部长），巡抚河南、山西两省，宰相也支持这主张。明朝制度，除了南北两直隶（以北京和南京为中心的中央直辖地区）以外，地方设有十三个布政使司，每个布政使司（通称为省）设有布政使管民政赋税，按察使管刑名司法，此外还有都指挥使管军政，号称三司，是地方上三个最高长官，职权不同，彼此都不能互相管辖。布政使是从二品官，按察使是正三品官，都指挥使是正二品官，兵部右侍郎虽只是正三品官，却因为是中央官，又是皇帝特派的，奉有敕书（皇帝的手令）可以便宜行事，是中央派驻地方的最高官员，职权就在三司之上了。

于谦做河南山西巡抚，前后一共十九年（1430—1448），除周忱连任江南巡抚二十一年以外，他是当时巡抚当中任期最长的一个。

于谦极重视调查研究工作，一上任便骑马到处视察，所到地方都延请当地有年纪的人谈话，了解地方情况，政治上的得失利弊，老百姓的负担、痛苦，该办的和不该办的事，一发现问题，立刻提出具体意见，写报告给皇帝。遇有水灾、旱灾，也及时上报，进行救济。他对地方的情况很清楚，政治上的措施也很及时，因之，得到人民的歌颂和支持。

明英宗正统六年（1441），他向皇帝报告，为了解决缺粮户的暂时困难，当时河南、山西仓库里存有几百万石粮食，建议在每年三月间，由州县官调查，报告缺粮户数和所需粮食数量，依数支借，到秋收时归还，不取利息。对老病和穷极不能归还的特许免还。还规定所有州县都要存有预备粮，凡是预备得不够数的，即使任期满了也不许离任，作为前一措施的物质保证，这一款由监察官按时查考。皇帝批准了这一建议。这样一来，广大的缺粮户，在青黄不接的时候，就可以免除地主的高利贷剥削了，他为穷困的农民办了好事。

黄河经过河南，常常闹决口，造成水灾。于谦注意水利，在农闲时动用民力，加厚堤身，还按里数设亭，亭设亭长，负责及时督促修缮。在境内交通要道，都要种树、凿井，十几年间，榆树、柳树都成长了，一条条的绿化带，无数的水井，使行道的人都觉得阴凉，沿途都有水喝。

大同是边上要塞，巡按山西的官员很少到那里去，于谦建议专设御史监察。边地许多将领私自役使军人，为他们私垦田地，国家的屯田日益减少，边将私人的垦田却日益增加，影响到国家的收入和边防的力量，于谦下令没收边将的私田为国家屯田，供给边军开支。

于谦做了九年巡抚，政治清明，威信很高，强盗小偷都四散逃避，老百姓过上了比较安定的生活。由于他政治上的成就，明朝政府升他为兵部左侍郎，支二品俸禄，仍旧做巡抚的官。

在这九年中，于谦的建议到了北京，早上到，晚上就批准，是有其政治背景的。原来这时的皇帝是年轻人，明英宗当皇帝时才十岁，太皇太后和皇太后（皇帝的祖母和母亲）很敬重元老重臣三杨：杨士奇、杨溥、杨荣，这三个老宰相都是从明成祖时就当权的，比较正直，有经验，也有魄力，国家大事都由他们作主张。他们同意于谦做巡抚，对于谦很信任，于谦有了朝廷上三杨的支持，才能在地方办了一些好事。到了正统后期，正统五年（1440）杨荣死，七年杨士奇死，太皇太后死，十一年杨溥死，三杨死后，朝廷上不但没有支持于谦的力量，反对于谦的政治力量反而日益增加了，于谦的政治地位动摇了。

反对于谦的政治力量主要来自两方面，一是宦官，一是权贵。

宦官王振是明英宗的亲信，英宗做了皇帝，他也做了内廷的司礼监太监（皇帝私人秘书长）。英宗年轻，什么事都听他的，只是宫里有老祖母管着，朝廷上有三杨当家，王振还不大敢放肆。到了正统五年以后，太皇太后死了，杨荣也死了，杨士奇因为儿子犯法判死罪不管事，杨溥老病，新的宰相名位都较轻，王振便当起家来了，谁也管不住了，英宗叫他作先生，公侯勋贵叫他作翁父，专权纳贿，无恶不作。他恨于谦不肯逢迎，正统六年三月，趁于谦入朝的时候，借一个题目，把于谦关在牢里，判处死刑。关了三个月，找不出于谦的罪状，只好放了，降官为大理寺少卿。

另一种反对于谦的力量是权贵。照例地方官入朝，是要送礼以至纳贿赂给朝廷权贵的。于谦是清官，在山西、河南十九年，父母和儿子住在杭州，老婆留在北京，单身过着极清苦的生活。每次入朝，不但不送礼、纳贿，连普通的人事也不送，空手去，空手回。他有一首著名的诗，为河南人民所传诵的：

　　手帕蘑菇与线香，本资民用反为殃。
　　清风两袖朝天去，免得闾阎话短长。

　　他这样做，老百姓虽然很喜欢，朝廷权贵却恨死他了。

　　虽然如此，山西、河南的官吏和百姓却非常想念于谦，到北京请愿要求于谦回去的有一千来起。河南的周王和山西的晋王（皇帝的家族）也说于谦确是好官。朝廷迫于民意，只好让于谦再回去做巡抚。

　　这时，山东、陕西闹灾荒，流民逃到河南的有二十几万人，于谦请准朝廷，发放河南、怀庆两府的存粮救济，又安排田地和耕牛、种子，让流民安居乐业。

　　这十九年中，于谦的父母先后死了，照当时礼法，应该辞官在家守孝三年，父母两丧合计六年。朝廷特别命令他"起复"，不要守孝，回家办了丧事便复职。

　　正统十三年（1448）于谦被召入京，回到兵部左侍郎任上。

　　第二年发生"土木之变"。

　　瓦剌是蒙古部族之一，可汗脱脱不花，太师也先，知院阿剌各拥重兵，以也先为最强，各自和明朝通好往来，也经常和明朝发生军事冲突。照规定，每次来的使臣不超过五十人，明朝政府按照人数给予各种物资，也先为了多得物资，逐年增加使臣到两千多人，明朝政府要他减少人数，也先不肯。瓦剌的使臣往来，有时还沿途杀掠。到正统末年，也先西破哈密，东破兀良哈，威胁朝鲜，军事力量日益强大。明朝使臣到瓦剌的，也先提出各种无理要求，使臣怕事，一一答应，回来后又不敢报告，也先看到使臣所答应的事都没有下落，认为明朝背信，极不高兴。正统十四年也先派使臣三千人到北京，还虚报名额，交换的马匹也大多驽劣，礼部（管对外工作和朝廷礼仪的部）按实有人数计算，对提出要求的物资也只给予五分之一，还减了马价，也先大怒，决定发兵入侵。

正统十四年（1449）七月，瓦剌大举入侵，脱脱不花攻辽东，阿剌知院攻宣府（今河北张家口市宣化区），也先亲自领军围大同，参将吴浩战死，羽书警报，不断送到北京。

军事情况紧急，王振决策，由明英宗亲自率领军队阻击，朝廷大臣以吏部尚书王直和兵部尚书邝野、兵部左侍郎于谦为首坚决反对，王振不听，命令英宗的弟弟郕王留守，带领朝廷主要官员和五十万大军向大同出发。邝野随军到前方，于谦留在北京管理部事。

王振的出兵是完全没有计划的。他根本不会打仗，却指挥着五十万大军。大同守将西宁侯宋瑛、武进伯朱冕、都督石亨等和也先战于阳和（今山西阳高），为王振的亲信监军太监郭敬所制，胡乱指挥，全军覆没，宋瑛、朱冕战死，石亨、郭敬逃归。明英宗的大军到了大同，连日风雨，军中夜惊，人心恟惧，王振还要向北进军，郭敬背地里告诉他敌军情况,才决定退兵。路上又碰着大雨,王振原来打算取道紫荆关经过他的家乡蔚州(今河北蔚县),请明英宗到他家做客的,走了一程,又怕大军过境,会糟蹋他家的庄稼,又下令取道宣府,这样一折腾,闹得军士晕头转向。到宣府时,也先大军追上袭击,恭顺侯吴克忠据战败死。成国公朱勇、永顺伯薛绶带四万人迎战,到鹞儿岭,敌军设下埋伏,又全军覆没。好容易走到土木堡(今北京市官厅水库附近),诸将商量进入怀来县城据守,王振要保护行李辎重,便下令就地宿营。这地方地形高,没有荫蔽,无险可守,掘地两丈还不见水,也先大军追到,把水源都占据了,军士又饥又渴,挤成一堆。第二天,也先看到明军不动,便假装撤退,王振不知是计,立刻下令移营,阵脚一动,瓦剌骑兵便四面冲锋,明军仓皇逃命,阵势大乱,敌军冲入,明军崩溃,死伤达几十万人,明朝政府的高级官员五十多人都被敌军所杀,王振也死在乱军中。明英宗被敌军俘虏。这次不光彩的战役就叫"土木之变"。

　　土木败报传到北京,北京震动。这时明军的精锐都已在土木覆没了,北京空虚,形势极为危急。翰林院侍讲(为皇帝讲书的官)徐珵是苏州人,在土木变前,看到局面不好,就打发妻子老小回苏州去了。败报传到后,郕王召集文武百官商量对策,徐珵大声说,从天文看,从历数看,天命已去了。只有南迁,才能免祸。这个主意是亡国的主意,当时要照他的意见办,明朝政府从北京撤退到南方,瓦剌进占北京,黄河以北便会全部沦陷,造成历史上南北朝和金宋对立的局面。于谦坚决反对说,北京是全国根本,一动便大事去了，宋朝南渡的覆辙，岂可重蹈。并且说主张南迁的人应该杀头。大臣胡濙、陈循和太监金英都赞成于谦的主张，郕王也下了坚守的决心，徐珵不敢再说话了，从此恨死了于谦。

明朝政府虽然决定坚守，但是北京剩下的老弱残兵不满十万人，上上下下都胆战心惊，怕守不住。于谦建议征调各地军队到京守卫，分别部署前方要塞军事，人心才稍稍安定。郕王十分信赖于谦，升他为兵部尚书（国防部长），领导北京的保卫战。

王振是土木败军的祸首，群臣提出要追究责任，王振的党羽马顺还倚仗王振的威风，当面叱责提出这主张的人，引起了公愤，给事中（官名，管稽察六部和各机关的工作）王竑抓住马顺便打，群臣也跟着打，朝班大乱，连守卫的卫士也呼噪起来了。郕王吓得发抖，站起来要走，于谦赶紧上前拉住，并教郕王宣布马顺有罪应该处死，这才扭转了乱纷纷的局面。退朝时，于谦穿的衣裳，袖子和下襟都裂开了。吏部尚书（管选用罢免官员的部长）王直看到他，拉住手叹口气说，国家只靠着你！像今天的事，一百个王直也办不了。从此，郕王和朝廷大臣，京城百姓都倚靠于谦，认为他有担当，可以支撑危局。于谦也毅然决然把国家的事情担当起来。

英宗被俘，他的儿子还是小孩子，当时形势，没有皇帝是不行的。大臣们商量立郕王为皇帝，郕王再三推辞。于谦说，我们是为国家着想，不是为了任何个人。郕王才答应。九月，郕王即位为皇帝，是为明景帝。

于谦建议景帝，瓦剌得胜，一定要长驱南下。一要命令守边诸将协力防守；二要分道招募民兵；三要制造兵器盔甲；四要派遣诸将分守九门，结营城外；五要迁城关居民入城，免遭敌军杀掠；六要派军队自运通州存有的大量粮食作为军饷，不要被敌人利用。又保荐一些有能力的文官出任巡抚，军官用为将帅。景帝一一依从，并命令于谦提督各营军马，统帅全军。

也先带着明英宗，率军南下，每到一个城池，便说皇帝来了，要守将开门迎接，守将遵从于谦的指示，说我们已经有了皇帝了，拒不接受。也先利用明英宗要挟明朝政府不成功，很丧气。明朝北部各个城池虽然因此保住了，明英宗却也因此对于谦怀恨在心。

瓦剌大军突破紫荆关，直入包围北京。都督石亨主张收兵入城，坚壁据守。于谦反对，认为怎么可以向敌人示弱，使敌人越发轻视呢。下令诸将统兵二十二万分别在九门外据守，亲自率领石亨和副总兵范广、武兴列阵德胜门外，和也先决战。通告全军，将不顾军，先退者斩其将，军不顾将，先退者后队斩前队。将士知道只有决战才有生路，都奋勇争先。由于于谦保卫北京的主张是和北京人民的利益一致的，获得了广大人民的支持。也先原来认为北京不战可下，一见明军严阵以待，便泄气了，派人提出要大臣出迎明英宗，要索金帛，和于谦等大臣出来商议等条款，都被拒绝，越发气沮。进攻德胜门，明军火器齐发，也先弟中炮死。转攻西直门，又被击退。进攻彰义门，当地的老百姓配合守军，爬上房顶呐喊，投掷砖石，又被击退。相持了五天，敌军始终没有占到便宜，听说各路援军就要到达，怕归路被截断，只好解围退兵，北京的保卫战就此胜利结束。景帝以于谦功大,加官为少保(从一品),总督军务。

景泰元年(1450)大同守将报告也先派人来讲和,于谦严令申斥守将,从此边将都坚决主战,没有一个人敢倡议讲和的。

也先看到明朝有了新皇帝,不承认明英宗,便在蒙古重立英宗为皇帝,来和明朝对抗,结果明朝政府置之不理,这个法宝也不灵了。俘虏到皇帝,不但没有用处,还得供养,成了累赘,便另出花招,派使臣声明愿意送还皇帝,制造明朝统治阶级的内部矛盾。明朝大臣都主张派使迎接,景帝很不高兴,说我本来不愿做皇帝,是你们要我当的。于谦说,皇位已定,不可再变。也先既然提出送回皇帝,理当迎接,万一有诈,道理在我们这边。景帝一听说皇位不再更动,忙说依你依你。派大臣接回英宗,一到北京,就把这个皇帝关在南宫里。

从景泰元年到景泰七年(1450—1456),于谦在兵部尚书任上,所提的意见,明景帝没有不同意的。朝廷用人,也一定先征求于谦意见,于谦不避嫌怨,有意见便说,由此,有些做不了大官的人,都恨于谦,有些大官作用比不上于谦的,也恨于谦,特别是徐珵,他一心想做大官,拜托于谦的门客,想做国子祭酒(大学校长),于谦对景帝说了,景帝说,这人倡议逃亡,心术不正,怎能当这官,败坏学生风气。徐珵不知于谦已经推荐,反而以为是于谦阻挠,仇恨越发深了。改名有贞,等候机会报复。大将石亨原先因为打了败仗削职,于谦保荐领军抗敌立了功,封侯世袭。他嫌于谦约束过严,很不乐意。保卫北京之战,于谦是主帅,功劳最大,结果石亨倒封了侯爵，心里过意不去，写信给景帝，保荐于谦的儿子做官。于谦说国家多事，做臣子的照道理讲不该顾私恩。石亨是大将，没有举荐一个好人，一个行伍有功的，却单单举荐我的儿子，这讲得过去吗？而且我对军功，主张防止侥幸，决不敢以儿子冒功。石亨巴结不上，反而碰了一鼻子灰，越发生气。都督张轨打仗失败，为于谦所劾。太监曹吉祥是王振门下，也深憾于谦。这批人共同对于谦不满，便暗地里通声气，要搞倒于谦，出一口气，作升官的打算。

于谦性格刚直，处在那样一个时代，遇事都有人出来反对，只靠景帝的信任，做了一些事。他在碰到不如意事情的时候，便拍胸叹气说：这一腔热血，竟洒何地？他又看不起那些庸庸碌碌的大臣和勋臣贵戚，语气间时常流露出来，恨他的人便越发多了。他坚决拒绝讲和，虽然明英宗是因为明朝拒和，也先无法利用才被送回来的，心里却不免有些不痛快。这样，在明景帝统治的七年间，在表面上，于谦虽然权力很大，在另一面，却上上下下都有人对他怀恨，只是不敢公开活动而已。

于谦才力过人，当军务紧急，顷刻变化的时候，他指挥若定，眼睛看着报告，手头屈指计算，口授机宜，合于实际，底下的工作人员看着，不由得不衷心佩服。号令严明，不管是勋臣宿将，一有错误，便报告皇帝行文申责，几千里外的守将，一得到于谦指示，无不奉行。思虑周密开阔，当时人没有能比得上的。忧国忘身，虽然立了大功，保住了北京城，接还了皇帝，却很谦虚，口不言功。生性朴素俭约，住的地方才蔽风雨，景帝给他一所西华门内的房子，几次辞谢不许才搬过去。土木之变后，索性住在办公室里不回家。晚年害了痰病，景帝派人去看，发现他生活过于俭约，特别叫宫内替他送去菜肴。有人说皇帝宠待于谦太过了，太监兴安说，这人日日夜夜为国家操心，不问家庭生活。他要去了，朝廷哪儿能找得这样的人！死后抄家，除了皇帝给的东西以外，更没有别的家财。

景泰八年正月，明景帝害了重病，不能起床。派石亨代他举行祭天仪式。石亨认为景帝活不长久了，便和徐有贞、曹吉祥、张𫐐等阴谋打开南宫，迎明英宗复位，史称夺门之变。明英宗第三次做了皇帝，办的第一件事就是把于谦和大学士（宰相）王文关在牢里。石亨等诬告于谦、王文谋立外藩（明朝皇帝的本家，封在外地的），法司判处谋逆，应处死刑。审案时，王文据理申辩，于谦笑着说，这是石亨等人的主意，申辩有什么用。判决书送到明英宗那里，英宗还觉得有些过意不去，说于谦实在有功。徐有贞说，不然，不杀于谦，夺门这一招就说不出名堂来了。于谦、王文同时被杀，明景帝也被绞死，这一年于谦六十岁，明景帝才三十岁。

于谦死后，家属被充军到边地。大将范广，贵州巡抚蒋琳也因为是于谦所提拔的牵连被杀。还刻板通告全国，说明于谦的罪状，这个板子一直到成化三年（1467）才因有人提出意见毁掉。

曹吉祥是于谦的死对头，可是他的部下指挥朵儿却深感于谦的忠义，到刑场祭奠痛哭，曹吉祥大为生气，把他打了一顿。第二天，朵儿又去刑场祭奠了。都督同知陈逵冒着危险，收拾于谦的尸首殡葬，过了一年，才归葬杭州。

广大人民深深悼念于谦,当时不敢指名,作了一个歌谣:

鹭鸶冰上走,何处觅鱼嗛?

鱼嗛是于谦的谐音,这个民族英雄的形象是永远留存在人民的记忆中的。明末抗清民族英雄张煌言有一首诗:

国亡家破欲何之?西子湖头有我师。
日月双悬于氏庙,乾坤半壁岳家祠。

于谦的事迹直接教育了这个有骨气的好汉,宁死勿屈,保持了民族的正气。

石亨的党羽陈汝言代于谦做兵部尚书,不到一年就撤职抄家,有很多金银财宝,明英宗叫大臣们参观,并说,于谦在景泰朝极被亲信,死后没有一点家业,陈汝言怎么会有这么多!石亨听了,说不出一句话。过些日子,边防传来警报,英宗很发愁,恭顺侯吴瑾在旁边说,要是于谦在的话,不会有这情况。英宗听了也说不出一句话。

于谦的政敌都先后失败,徐有贞充军云南,石亨下狱死,曹吉祥造反灭族。

明宪宗成化初年(1465),于谦的儿子于冕遇赦回家,写信给皇帝申冤,明宪宗恢复了于谦的官位,派人祭奠,祭文中说:"当国家之多难,保社稷以无虞,惟公道之独持,为权奸所并嫉,在先帝已知其枉,而朕心实怜其忠。"这几句话,传诵一时。于谦的名誉恢复了。明孝宗弘治二年(1489)谥于谦为肃愍,并建立祠堂,号为旌功。明神宗万历时又改谥忠肃。杭州、开封、山西和北京的人民都建立了他的祠堂,广大人民永远纪念这个保卫北京城的民族英雄,永垂不朽!

于谦的著作流传到今天的有《于肃愍公集》八卷,《少保于公奏议》十卷。演绎他的故事的小说有孙高亮所著的《于少保萃忠全传》十卷。

(原载《新建设》第六期,1961年)

海瑞的故事

一、海瑞的故事

1

海瑞的时代,是明封建王朝从全盛走向衰落的时代。他生在正德九年,死于万历十五年(1514—1587),一生经历了正德、嘉靖、隆庆、万历四个皇帝。这几十年中,社会情况发生了很大变化,土地更加集中了。皇帝侵夺百姓的土地,建立无数皇庄,各地亲王和勋戚、贵族、大官僚都有庄田,亲王的庄田从几千顷到几万顷。嘉靖时的宰相严嵩和徐阶都是当时最大的地主。万历时期有一个地主的田地多到七万顷。农民的土地被地主所侵夺,沦为佃农、庄客,过着牛马般的生活。庄园的庄头作威作福,欺侮百姓。贵族和官僚的家里养着无数的奴仆，有的是用钱买的，有的是农民不堪赋役负担，投靠来的。他们终年为主人服役，除家庭劳役外，有的学习歌舞、演戏，有的纺纱织布，四处贩卖，有的替主人经营商业，开设店铺，没有工资，也没有自由，世代子孙都陷于同一命运。国家所控制的人口减少了，因为一方面农民大量逃亡，流散四方，另一方面一部分人口沦落为奴仆，户口册上的人口数字日渐减少。同时土地的数字也减少了，这是因为农民流亡，田地抛荒：庄田数目越来越大，庄田主的贵族和官僚想法不交或少交钱粮，这样，向国家缴纳地租的土地就越来越少。更严重的是中小地主和上中农为了逃避赋役，隐蔽在大地主户下，大地主的土地越多，势力越大，把应出的赋役分摊在农民的头上，农民的负担便越重，阶级矛盾便越尖锐。

这个时期，是阶级矛盾日益尖锐的时期。

贪污成为政治风气，正德时刘瑾和他的党羽焦芳等人，公开索取贿赂；嘉靖时的严嵩父子、赵文华、鄢懋卿等人，从上到下，都要弄钱，不择手段。以知县来说，附加在田赋上的各项常例就超过应得的薪俸多少倍；上京朝见，来回路费和送京官的贿赂都要农民负担。徐阶是当时有名的宰相，是严嵩的对头，但是，他家就是松江最大的富豪，最大的地主，也是最大的恶霸。

京官、外官忙于贪污，水利没有人关心了，许多河流淤塞了。学校没有人关心了，府县学的生员名为学生，到考试时才到学校应付。许多农民产业被夺，田地没有了，却得照旧纳税，打官司的人愈来愈多了。

这个时期是政治最为腐败，贪污成为风气的时期。

也正是这个时期，倭寇（日本海盗）猖獗，沿海一带，经常受到倭寇的威胁。浙江、福建两省被倭寇侵略最严重。明朝政府集中了大量兵力，把这两省合成一个防御性的军事体系，设总督管辖军事。军队增加了，军饷相应增加，这些负担也自然落在农民身上。

大地主的兼并，官吏的贪污，倭寇的侵略，使得农民生活日益困苦。表面上熙熙攘攘，一片繁荣景象，骨子里却蕴藏着被压抑的千千万万农民的愤怒，一触即发。

海瑞的时代就是这样一个时代。

2

海瑞任浙江淳安知县的时候，总督是严嵩的亲信胡宗宪。

淳安是山区，土地贫瘠，老百姓都很穷，山上只产茶、竹、杉、柏，山下的好田地都被大族占了，老百姓穷得吃不上饭。这个县又处在新安江下游，是水陆交通的枢纽，朝廷使臣，来往官僚过客，都要地方接待。例如经过一个普通官，就要用银二三十两；经过巡盐御史、巡按御史等监察官员，要用银一二百两；巡抚出巡，则要用银三四百两。这都要百姓赔垫。他们坐船要支应船夫，走陆路要支应马匹夫役。地方穷，负担重。

有一次，胡宗宪的儿子经过淳安，仗着是总督公子，作威作福，嫌驿站（传递文书的站）的马匹不称心，供应不周到，大发脾气，喝令跟人把驿吏捆了，倒挂在树上。驿站的人慌了，跑到县衙要办法，海瑞说："不慌，我自有主张。"他带人走到驿站，一大堆人在围着看热闹。鲜衣华服的胡公子还在指手画脚骂人，一看海瑞来，正要分说。海瑞不理会，径自进驿站去，一看胡公子带的大箱子小箱子几十个，都贴着总督衙门封条，就有了主意。立刻变了脸色，叫人把箱子打开，都沉甸甸的，原来装着好几千两银子呢。海瑞对着众人说："这棍徒真可恶，竟敢假冒总督家里人，败坏总督官声！上次总督出来巡查时，再三布告，叫地方上不要铺张，不要浪费。你们看这棍徒带着这么多行李，这么多银子，怎么会是胡总督的儿子，一定是假冒的，要严办！"把几千两银子都充了公，交给国库，写一封信把情由说了，连人带行李一并送交胡宗宪。胡宗宪看了，气得说不出话，怕海瑞真个把事情闹大，自己理屈，只好算了，竟自不敢声张。

海知县拿办总督公子的新闻轰动了淳安，传遍了东南，老百姓人人称快，贵族官僚子弟个个头痛，骂他不识时务。

更使人高兴称快的是另一件事：海瑞挡了都御史的驾，拒绝他入境。这在当时说来，是件了不得的骇人听闻的大事。

鄢懋卿是当时宰相大奸臣严嵩父子的亲信，嘉靖三十五年（1556）以左副都御史的身份，出京来总理两浙（浙东、浙西）、两淮（淮南、淮北）、长芦、河东盐政。

都察院左副都御史是朝廷最高级的监察官员之一，出巡地方时是钦差，掌握着进退升降官吏的建议权。总理盐政是名目，实质上是皇帝要钱用，叫他从产盐、卖盐上打点主意，多搞些钱。

鄢懋卿以监察官、钦差大臣的身份，加上有严家父子做靠山，一到地方，威风得很，利用职权，收受贿赂，给钱的是好官，给多的便答应升官，给少的便找题目磨难，非吃饱了不走。总之，不管官大官小，什么地方，什么官，非给他钱不可，非给够了不走。不这样做，除非不打算做官才行。

不只送贿赂，还要大大地铺张供应、迎送。地方长官巡抚、按察使、知府、知县，大大小小都得跪着接送。吃饭要供应山珍海味，住处要张灯结彩。在扬州，地方请吃饭，一顿饭就花了一千多两银子。他还带着老婆一起，老婆坐五彩搭的轿子，用十二个女子抬。连厕所都用锦缎做垫，便壶都用银子做。

一天，轮到要巡查严州（今浙江建德）了，要路过淳安。全县人都焦急，不知怎么办才好。

钦差、监察官、地方长官到地方巡查，照例都要发一套条约或告示，说明来意和地方应注意事项，并且大体上也都按着老规矩，照前任的抄一遍。告示内少不得要说些力戒铺张，务从节俭等冠冕堂皇的话。海瑞研究了好久，一想对了，即以其人之话还治其人之身。便对差官说，淳安地方小，百姓穷，容不下都老爷的大驾，请从别处走吧，省得百姓为难。他亲自写一封信给鄢懋卿，信上说：

细读您的布告，知道您一向喜欢简朴，不喜欢逢迎。您说："凡饮食供应，都应俭朴，不要过分奢侈，浪费人民钱财。"

您又说:"现在民穷财尽,宽一分,人民就得一分好处,一定要体谅。"您的种种恳切的教导,说得很多。我相信您的话是为国为民,是从心里说出来的,绝非空话。

但是,您奉命南下以后,沿途情况,浙江派的前路探听的人都说,各处都办酒席,每席要花三四百两银子,平常伙食都是山禽野味,不易弄到的东西。供应极为华丽,连便壶都用银子做。这种排场,是和您颁行的布告大大相反的。

都察院长官出来检查盐政,是少有的事。因为少有,所以百姓有疾苦的要求告状,有贪酷行为的官要改正,百姓也会得到少有的好处。现在情况是州县怕接待不周到,得罪都察院长官,极力买办。百姓为出钱伤脑筋,怨声不绝。百姓没有得到少有的好处,反而苦于少有的破费。这可能是地方官属奉承您,以为您喜欢巴结,不喜欢说实话,揣摩错了您的真正用心吧。

盐法毛病,我晓得一些,没有全盘研究,不敢乱说。只是这一件事,是我耳闻目见的。您如来了,东西准备了,纵使您一概不受,但是东西既然买了,必然要用许多钱,百姓怨恨,谁当得起?地方官属以今时俗例来猜测您,我又很怕您将来会因为地方官属瞎张罗,不利于执守礼法,而后悔不及。这个害比盐法不通还要大,所以敢把这些意见一一告诉您。

义正词严,话又说得很委婉。鄢懋卿看了,气得发抖,想寻事革掉他的官,但他是清官,名声好,革不得。就此过去,又气不过。

只好放在心中，把这封信藏起来，批"照布告办"，严州也不去了。

严州知府正忙着准备迎接，听说都老爷忽然不来了，正在纳闷，怕出了什么岔子。后来才知道是海知县写了信，惹了祸。怕连累自己，大怒，海瑞一进来，就拍桌子大骂："你多大的官儿，敢这样！"骂不停口。海瑞不说一句话，等骂完了，气稍平了，作了一个揖就走，以后也不再说什么。等到鄢懋卿巡查完了，走了，严州府上下官员一个也没出事，知府这才放了心，过意不去，见海瑞时连说："好了淳安百姓，难为了你，难为了你！"

鄢懋卿恨极海瑞，要报复，叫他管辖的巡盐御史袁淳想主意。袁淳也是恨海瑞的，他巡查地方时，海瑞照规矩迎送，迎得不远，送得也不远，供应不丰富，有什么需索，也是讨价还价。这回正好一举两得，也报了自己的私仇。这时海瑞已得朝命升任嘉兴通判（知府的副职），便找一个公文上的手续不对，向朝廷告发，把海瑞降职为江西兴国知县。

3

海瑞从江西调到北京，后来又调到南京做了几年官，在隆庆三年（1569）六月才被派为江南巡抚，巡抚衙门设在苏州。第二年四月被革职回家，只做了半年多巡抚。

他最恨贪污，一上任，便发出布告，严禁贪污，打击豪强。他敢说敢做，连总督、都御史都不怕，谁还敢不怕他。属下的地方官员有贪污行为的听说他来了,吓得心惊胆战,罪恶较大的赶忙自动辞官。有的大族用朱红漆大门,一听海都堂要来,怕朱红大门太显耀,连夜把大门改漆成黑色。管织造的太监,时常坐八人轿子,这时吓得减去一半。大地主们知道海瑞一向主张限田,要贯彻均平赋税的主张,实行一条鞭法,也都心怀鬼胎,提心吊胆,时刻不安。

他在做江南巡抚的几个月中,主要做了两件大事。一件是"除弊",一件是"兴利"。

除弊,主要的是打击豪强,打击大地主,要他们把非法侵占农民的田地退出一部分还给农民。

擒贼要先擒王,江南最大地主之一是宰相徐阶,这时正罢官在家。海瑞要他家退田,徐阶只好退出一部分。海瑞不满意,写信给徐阶,要他退出大半,信上说:

看到您的退田册,更加钦佩,您是这样使人意想不到的大贤大德。但是已退的田数还不很多,请您再加清理,多做实际行动。从前有人改变父亲的做法,把七个屋子储藏的钱,一会儿便都散光了。您以父亲的身份来改正儿子的做法,有什么做不到的呢?

把非法侵占民田的责任算在他儿子账上,给他留点面子。

这样做,朝廷大官和地方乡官都怕了,人人自危,怨声四起。海瑞在给李石麓阁老信中说:

存翁（徐阶）近来受了许多小人的累，很吃了点苦头。他家产业之多，真叫人惊奇，吃苦头是他自取的。要不退出大半，老百姓是不会甘心的。有钱人尽干坏事，如今吃了苦头，倒是一条经验。我要他退出大半田产，也正是为他设想，请不要认为奇怪。

官僚舆论说他矫枉过直，搞得太过火了，他说并不过火。在给谭次川侍郎的信上说：

矫枉过直，是从古到今一样的道理，不严厉地改革，便不能纠正过错。我所改革的都不是过直的事，一定会办好，请放心。

又说：

江南粮差之重，天下少有，古今也少有。我所到过的地方，才知道所谓富饶全是虚名，而苦难倒很严重，这中间可为百姓痛苦，可为百姓叹息的事，一句话是说不完的。

他不但要坚持下去，还要进一步解除百姓的痛苦，可惜几个月后，他便被革职丢官了。

徐家的田退出，徐阶的弟弟徐陟，做过侍郎，为非作歹，残害百姓，海瑞把他逮捕了依法制裁。地方官奉行政令，不敢延误，大地主们走不动的只好依法退田,有的便逃到别的地方避风头。穷人田地被夺的都到巡抚衙门告状申诉,海瑞——依法判处。老百姓欣喜相告,从今以后有活路了。地主官僚却非常恨海瑞,暗中组织力量,制造舆论,要把他赶走。

退田只是帮助穷民办法的一种,另一种有效的办法是清丈,把土地的面积弄清楚了,从而按每块土地等级规定租税。以此,海瑞做知县,做巡抚,都以清丈为第一要事,在这基础上,贯彻一条鞭的法令,在一条鞭规定所应征收的以外,一毫不许多取。这对当时农民来说,是减轻徭役,明确负担,改善生活,发展生产的有效措施,是对人民的德政。

兴利是兴水利。江苏的吴淞江泄太湖之水,原来沿江的田亩,都靠这条江水灌溉。年代久了,没有修治,江岸被潮水冲蚀,通道填淤,一有暴雨,便成水灾,淹没田亩,水利成为水害。海瑞在亲自巡行调查之后,决定修治,正月兴工,同月又修治常熟县的白茆河、杨家滨等河,结合赈济饥民,用工代赈;他亲自坐小船往来江上,监视工程的进行,不久就都完工了,人民大得好处。原来老百姓是不敢指望开河的,一来想这样的政府不会做这样的好事,二来想要做也无非要老百姓出钱。因此流传的民谣中有两句话说:"要开吴淞江,除是海龙王。"意思是永世也开不了。现在人民的愿望实现了,河修好了,没有花老百姓一个钱。

在朝官僚,在野的乡官大族都恨海瑞。过往官僚因为海瑞裁节交通机构过多的费用,按制度办事,奉朝命该供应马匹和交通工具的只按制度供应，节约民力和费用，凭人情但是不合制度的一概不供应，不管你是什么来头，这样一来，这些人受了委屈，也恨海瑞。他们先后向皇帝告状，说他偏，说他做得太过火，说他包庇坏人，打击乡绅，只图自己有个好名声，破坏国家政策。海瑞成为大官僚、大地主的公敌，被夺去巡抚职权，改督南京粮储，专管粮饷。这时，高拱做宰相，海瑞骂过他，他也是恨海瑞的，又把管粮的职务归并到南京户部，这样，海瑞的职权全被剥夺，只好告病回家了。

在排挤、污辱、攻击海瑞，保卫自己的利益的这群朝官中，吏科给事中戴凤翔是个代表人物。他向皇帝告状，说江南在海瑞的治理下，百姓成为老虎，乡官是肉，海瑞叫百姓拿乡官当肉吃，把乡官弄苦了。海瑞很生气，立刻回击，也上疏给皇帝说：

> 华亭县（今上海市松江区）乡官田宅特别多，奴仆特别多，老百姓十分怨恨。这种情况，恐怕在全国各地都找不出……老百姓告乡官霸占田产的有几万人……二十年以来，地方府县官都偏听乡官、举人、监生的话，替他们撑腰，弄得老百姓的田产一天天少下去，乡官却一天天富起来……凤翔说百姓是老虎，乡官是肉。他却不知道乡官已经做了二十多年老虎，老百姓做了二十多年的肉。今天乡官的肉，本是老百姓原有的肉；原先被抢走，如今还出来，本来也不是乡官的肉啊！何况过去乡官抢占老百姓十分，如今只还一分，还得并不多，却就大叫大闹了。我看凤翔在家乡，也是这样的乡官。

话说得非常锋利，有力量，既说明了情况，也指出了问题。乡官二十多年来做老虎吃老百姓，你们不说话。如今只要乡官还给老百姓原来属于他们自己的一点田地，而且只还了十分之一，你们就说老百姓是老虎吃乡官了。就说是肉吧，也是老百姓原有之肉，先前你们硬夺老百姓的肉，如今就该还，这有什么值得大惊小怪的。末了，一针见血地指出，戴凤翔替乡官诉苦，这些是乡官的话，也是戴凤翔自己的话。戴凤翔要是不在朝，住在家里，也一定是只专吃老百姓的老虎。

　　海瑞不断遭到乡官在朝代言人的攻击，很愤慨。他给人的信中说："一切计划，只有修治吴淞江的水患，因进行得快而成功了，其他都是将近成功就中止，怎么办，怎么办！这等世界，做得成什么事业！"给皇帝告养病的疏中说，在他巡抚任上所行兴利除害的一些办法，都是采访人民意见、研究过去制度而规定的，要求不要轻易改变。并说宰相光听一些不负责任的话，多议论，少成功，靠不住；满朝大官都是妇人，皇帝不要听信他们。用"妇人"骂人，是封建时代的错误看法。用"妇人"骂人，而且把满朝大官一概骂尽，也是很不策略的。但是由此可见他的愤慨程度，同时也说明了海瑞这次罢官以后，在朝掌权的人一连十几年都没有理会他，连万历初年名相张居正也不肯起用他的原因。

　　是的，像海瑞这种爱护人民，一切为老百姓着想，不怕封建官僚势力，不要钱，不怕死的清官，在靠剥削人民存在的封建社会里，又怎么能站得住脚，做得成什么事业呢！

二、清官海瑞

海瑞反对浪费,反对贪污,廉洁俭朴,是明朝著名的清官,也是封建时代著名的好官。

他以举人任福建延平府南平县儒学教谕,一到任便申明教约:学生除参见拜揖外,不许送礼;送酒食请先生吃的俗例,一概不许举行。上官觉得很奇怪,后来弄清楚了,对他十分敬重。

提学御史到学宫行礼,县官和县学训导都跪着迎接,只有海瑞站着,不肯跪,说这是学校,是师长教学生的地方,不是衙门,不应该跪。他正好站在两个训导中间,人们传开了,叫他作"笔架博士"。

嘉靖三十七年(1558)他升任浙江淳安知县。研究了县里情况,知道人民痛苦万状,叹气说:"天下事都被秀才官做坏了。不只是不才的官,贪污残暴,专门弄钱,就是好官,也是公道和私心,时时在心中斗争,常常搜刮民脂民膏来拉拢朋友,博取好名声。百姓穷了,又都说是朝廷赋税重。我看不可以这样说,因为赋税虽重,还有定额,离十中收一不远;可是额外的无名的负担却多得不得了,这并不是朝廷规定的,是地方上自己规定的!"明朝制度,知县薪俸不多,但按田粮里甲征收的常例却很多。海瑞把常例革了,只领应得的薪水。过去供应县衙都是里甲负担,每人每年要出四五两银子,海瑞算了账,每人只收两钱银子,一切用度,都在这笔钱上开销。上官下命令要县里送钱给境内的乡官,从前是要多少就得给多少的,海瑞却不然,看罚款积存情况,有就送一点,没有就不送。按当时规矩,知县上京朝见,要带许多金银绸缎,分送有关京官。老百姓都说,朝见年是京官收租的年头。这笔贿赂来源,旧例每年由百姓摊派,每里一两,淳安县有八十里,三年合计银二百四十两。外加朝见年的特别摊派,每人出银二钱,共银一百六十两。临行时,各里还得送礼,县官还可以从罚款和其他杂项中想主意,加上其他摊派,作为上京本钱。其中要送七十二两给知府,十二两给府里的官员,六两给府吏,其他便是知县自己的了。海瑞在任内上京两次,只用路费银四十八两,送吏十二两,造户口册十一两七钱五分,其他旧例,一概革除。巡抚、按院出巡,地方官必须送钱给这两个衙门的师爷,不这样做,会出祸事。海瑞坚决不肯,说:"充军也好,死罪也好,都甘心忍受,这等小偷勾当却干不得。"京中要人要送礼物,外官入京讲"交际"(实际是贿赂),当时人认为要做官,不这样做是不行的。海瑞说:"全天下的官都不给上官行贿,难道就都不升官?全天下的官都给上官行贿,又难道都不降官?怎么可以拿这个来自欺欺人呢!"他只靠月薪过活,穿的是布袍子,吃的是粗米饭,衙门里有空地,自己种菜,家人上山砍柴。他为母亲过生日,买了两斤肉;总督胡宗宪当作新鲜事,到处告诉人。

　　他离开淳安任所到吏部听调,大冷天还穿着一件破丝棉袍子,吏部侍郎朱镇山劝他做件官服,才买了一件黄绢的袍子。

海瑞一生除有祖田十余亩以外，自己没有添置过田产。有人假冒海瑞的名义在他家乡琼州（在广东海南岛澄迈以东，会乐以北地带）一带放债买田，海瑞听到后便写信给琼州知府说："我从做官到现在，从未回过家，俸金收入，仅仅足用，此外别无分文放债，也没有添什么田产。"请琼州知府严加查办。海瑞从做教谕到巡抚，做了十八年官，只买了一所值一百二十两银子的住宅，还是从薪俸节余的钱存起来的，此外便什么也没有添置。田产只有祖传田十亩。清丈时县吏照顾他，少算一亩八分，他知道了，不答应，一定要照实在田亩算。一家吃用，都从这祖传的十亩田里出，时常吃不饱。同乡青年来谈学问，讲经义，实在饿狠了，只好用手按着肚子，一面还谈着话，客人走了，边谈边送，不让人知道他挨饿。

万历十三年（1585）海瑞被起用为南京吏部右侍郎，这时他已经七十二岁了。到任后，发现兵马司随便开票要坊（街）上人办公宴和其他支应。一调查，各衙门有三百多张票，都是要地方上供应，不付钱的。他叹一口气说："南京人民，要支应南京千百个官员出入用度，这怎么得了，难怪百姓苦了。吏部是六部之首，怎么可以不为百姓设想。"立刻出布告禁革，连办事官吏共同凑的份子和新任贺礼，一概革除。不久，升南京都察院右都御史。万历十五年（1587）十月十四日，死在任上。死前三天，兵部送来柴火银子，多算了七钱，还叫人扣回去。死后，同官替他清点遗物，全部家财只有俸金十多两银子，绫、绸、葛各一匹，清苦得比一般寒士还不如。佥都御史王用汲看了，忍不住哭出声来，和同官商量，大家凑一点钱，替他办丧事。

　　海瑞一生刚直，反对模棱两可，圆滑处世，自号刚峰，人们都称他刚峰先生。死后谥忠介。在明朝末年，海忠介公是全国皆知的人物，特别是苏州、松江一带的人民，一提起海都堂，便喜笑颜开。恨他骂他的人也有，是少数人，是吃过他苦头的大地主和乡绅。

三、海瑞骂皇帝

　　在封建时代，皇帝是不可侵犯的，连皇帝的名字都要避讳，一个字不幸成为"御讳"，就得缺笔闹残废，不是缺胳膊，就是缺腿，成为不全的字。人们不小心把该避"御讳"的字写了正字，就算犯法，要吃官司，判徒刑。至于骂皇帝，那是很少听说过的事。真正骂过皇帝，而又骂得非常痛快的是海瑞。海瑞骂嘉靖皇帝最厉害的几句话说："现在人民的赋役要比平常多许多，到处都是这样。您花了许多钱，用在宗教迷信上，而且一天比一天多，弄得老百姓都穷得光光的，这十几年来闹到极点。天下人民就用您改元的年号嘉靖，取这两个字音说，'嘉靖'皆净，家家穷得干干净净，没有钱用。"这样大胆直接骂皇帝的话，不仅嘉靖当了几十年皇帝没有听见过，就是从各朝各代的古书上也很难找到，但却句句刺痛了他的要害，嘉靖又气又恼，十分冒火。

原来嘉靖做皇帝时间长了，懒得管事，不上朝，住在西苑，成天拜神作斋醮（宗教仪式），上青词。青词是给天神写的信，要写得很讲究，宰相严嵩、徐阶都因为会写青词得宠。政治腐败到极点，朝臣中有人提意见的，不是杀头，便是革职，监禁，充军，吓得没人敢说话。海瑞在嘉靖四十五年（1566）二月上的《治安疏》，便是针对当时的问题，向皇帝提出的质问，要求改革。他在疏中说：

你比汉文帝怎么样？你前些年倒还做些好事。这些年呢，只讲修道，大兴土木。二十多年不上朝，滥派官职给人。跟两个儿子也不见面，人家以为你薄于父子。以猜疑诽谤杀戮臣下，人家以为你薄于君臣。尽住西苑不回宫，人家以为你薄于夫妇。弄得天下吏贪将弱，到处有农民暴动。这种情况，你即位初年也有，但没有这样严重。现在严嵩虽然罢相了，但是没有什么改革，还不是清明世界。我看你远不如汉文帝。

嘉靖自比为尧，号尧斋。海瑞说他连汉文帝也不如，他怎么能不冒火。海瑞接着又说：

天下的人不满意你已经很久了，内外大小官员谁都知道。你一意修道，只想长生不老，你的心迷惑了。过于苛断，你的性情偏了。你自以为是，拒绝批评，你的错误太多了。你一心想成仙得道，长生不老。你看尧、舜、禹、汤、文王、武王哪个活到现在？你的老师陶仲文教你长生之法，他已经死了。他不能长生，你怎么能求长生呢？你说上天赐你仙桃、药丸，那就更怪了，桃、药是怎么来的呢？是上天用手拿着给你的吗？

你要知道，修道没有什么好处，应该立即醒悟过来，每天上朝，研究国计民生，痛改几十年的错误，为人民谋些福利。

目前的问题是君道不正，臣职不明，这是天下第一件大事。这事不说，别的还说什么！

嘉靖看了，大怒，把奏本丢在地下，叫左右立刻逮捕海瑞，不要让他跑了。宦官黄锦在旁边说："听说这人自知活不了，已向妻子作临死告别，托人准备后事，家里的佣人都吓得跑光了，他不会逃。这个人素性刚直，名声很大，居官清廉，不取官家一丝一粟，是个好官呢！"嘉靖一听海瑞不怕死，倒愣住了，又把奏本捡起来，一面读，一面叹气，下不了决心。过了好些日子，想起来就发脾气，拍桌子骂人。有一天发怒打宫婢，宫婢私下哭着说："皇帝挨了海瑞的骂，却拿我们来出气。"嘉靖又派人私下查访，有谁和海瑞商量出主意的。同官的人都怕连累，看到海瑞就躲在一边，海瑞也不以为意，在家等候坐牢。

嘉靖有时自言自语说："这人真比得上比干，不过我还不是纣王。"他叫海瑞是畜物，口头上和批处海瑞案件的文件上都不叫海瑞的名字。病久了，又有气，和宰相徐阶商量，要传位给太子，说："海瑞的话都对，只是我病久，怎么能上朝办事呢？"又说："都是自己不好，不自爱惜，闹了这场病。要是能上朝办事，怎么会挨这个人的骂。"下令逮捕海瑞下狱，追查主使的人。刑部论处海瑞死刑，嘉靖也不批复。过了两个月，嘉靖死了，新皇帝即位，才放海瑞出来，仍回原职，做户部主事。

海瑞大骂皇帝，同情他和支持他的人到处都是，他的名声越来越大了。万历十四年（1586），海瑞被人向皇帝诬告，青年进士顾允成、彭遵古、诸寿贤替他辩诬申救，写的文章中说："我们从十几岁时，就听说海瑞的名声，认为是当代的伟人，永远被人瞻仰，这是任何人都不能赶得上的。"这是当时青年人对他的评价。

（原载《中国历史小丛书·海瑞的故事》，
中华书局1963年第2版）

论海瑞

看过《三女抢板》（或《生死牌》）的人，大概都记得那个挺身出来反对豪强，救了两家人性命的巡抚海瑞。这是民间流传关于海瑞的许多故事中的一个。海瑞究竟是什么样的一个人呢？

海瑞（1514—1587，明武宗正德九年至神宗万历十五年）是我国十六世纪有名的好官、清官，是深深得到广大人民爱戴的言行一致的政治家。他为了巩固封建统治阶级的长远统治，减轻农民市民的负担，向贪婪腐朽的封建官僚、大地主斗争了一生。

明朝人论海瑞

为了了解海瑞，让我们先看看当时的人们是怎样评论他的。

总的评论是当时的人民说他好,当时的大地主说他不好。

但是,有点奇怪,反对海瑞的人中间,有不少人也还是不能不称赞海瑞是好官,是清官;他是为民的,想做好事的,而且,也做了好事。

就明朝人的记载来看海瑞,梁云龙所作海瑞行状,除了叙述他的清廉,为百姓办好事的政绩以外,并说:

呜呼!公之出、处、生、死,其关于国家气运,吾不敢知。其学士大夫之爱、憎、疑、信,吾亦不敢知。

第以公之微而家食燕私,显而莅官立朝,质诸其所著《严师教戒》,一一契券,无毫发假。孔子所谓强哉矫,而孟子所谓大丈夫乎!古今一真男子也。

论者概其性甘淡薄,有采薇之风,天挺忠贞,有扣马之节,谓道似伯夷,信矣。然其视斯民由己饥寒,耻厥辟不为尧舜,言动必则古昔、称先王,莅官必守祖宗成宪,挫折不磨,鼎镬不避,即伊尹奚让?望之如泰山壁立,就之如春风太和,接谈无疾言,无遽色,临难无郁气,无忿容,箠楚子弟臧获,亦不见其厉色严声,即柳下惠奚加?

特其质多由于天植,学未进于时中,临事不无或过,而隘与不恭,盖亦有焉。

全面地评价海瑞,指出海瑞是这样一个人,言行一致,他的日常生活和政治作为，和所著《严师教戒》文章对证，一一符合，没有丝毫的假。是"强哉矫"，是大丈夫，是古往今来一个真男子。

他生活淡薄，性格忠贞，看到百姓的饥寒认为是自己的过失，以他的皇帝不像尧舜那样为耻辱。一言一动都要说古代如何，先王如何。做官办事则坚守祖宗朝的成法。不怕挫折，不怕牺牲。又严峻，又温和，谈话的时候，说得不太快，也不摆出一副难看面孔，遭遇危难也不表现那样愤慨抑郁。连打小孩、打奴婢，也看不到他的厉色严声。

像伯夷，像伊尹，像柳下惠。他的本性是天赋的，但是修养还没有到家，未得中庸之道。做事有时过了一些，窄了一些，以至有些不恭，这些毛病都是有的。

因为海瑞是被攻击谩骂，死在任上的，所以梁云龙很含蓄地说，这个人和时代的关系，他的出、处、生、死，和国家的关系如何，我不敢知道。学士大夫（封建统治阶级）对他的爱、憎、疑、信，对他的评价到底怎样，我也不敢知道。

梁云龙是海瑞的同乡，海瑞侄女的儿子，和海瑞关系很深，作行状时他在湖广巡抚任上，最了解海瑞。对海瑞的评价大体上应该是可信的。

此外，王宏诲的《海忠介公传》对海瑞也是大赞特赞的，但在末后又说上一句："乃海公之砥节砺行，而缙绅（官僚地主阶级）又多遗议，何也？"这样的好官、清官，为什么官僚地主阶级又多说他不好呢？是什么道理呢？

王宏诲也是海瑞的同乡，琼州定安人。海瑞在因批评皇帝而坐牢以前，王宏诲正在北京，做翰林院庶吉士，海瑞去看他，托其料理后事，关系也很深。

这两个人是海瑞的亲戚、同乡，也许会有人说他们有偏见。再看何乔远所作《海瑞传》，和李贽的《海忠介公传》，何乔远和李贽都是福建晋江人，他们的评价和梁云龙、王宏诲是一致的。清修《明史》，对海瑞一般很称赞（王鸿绪《明史稿》和《明史》一样），末后论断，也说他："意主于利民，而行事不能无偏云。"用意是为人民谋福利，但是有些偏差。汪有典的《史外》歌颂他的政绩以后，又说他：尝时以为朝廷上的人懦弱无为，都像妇人女子，把人骂苦了。有人恨极了，骂他大奸极诈，欺世盗名，诬圣自贤，损君辱国。他还是不理会。

人民是爱戴海瑞的，他做了半年多应天巡抚（应天府今南京，巡抚是皇帝派遣到地方，治理一个政区的行政长官，巡抚有弹劾地方官吏之权，有指挥驻军之权，权力很大），罢职的时候，老百姓沿街哭着送别，有些人家还画了他的像供在中堂里。死在南京右都御史（中央监察机关的长官）任上的时候，百姓非常哀痛，市面停止了营业，送丧穿戴着白色衣冠的行列，夹着江岸悼祭哀哭的百里不绝。

他晚年到南京做官，被御史（监察官）房寰弹劾，也就是汪有典所引的十六字罪状，引起了统治集团内部一部分青年知识分子的公愤，提出抗议，向皇帝写信申救。吏部办事进士顾允成、彭遵古、诸寿贤这三个人代表这一批人说：

> 南直隶提学御史房寰本论右都御史海瑞，大奸极诈，欺世盗名，诬圣自贤，损君辱国……朝野闻之，无不切齿抱愤……不意人间有不识廉耻二字如房寰者。
>
> 臣等自十余岁时即闻海瑞之名，以为当朝伟人，万代瞻仰，真有望之如在天上，人不能及者。
>
> 瑞剔历既仕，含辛茹苦，垂白之年，终不使廪有余粟，囊有赢金。
>
> 瑞巡抚南畿时，所至如烈火秋霜，搏击豪强，则权势敛迹，禁绝侵渔，则民困立苏，兴水利，议条鞭，一切善政，至今黄童白叟，皆雅道之。近日起用，海滨无不日海都堂又起，转相告语，喜见眉睫。
>
> 近在留都，禁绝馈送，裁革奢侈，躬先节俭，以至百僚，振风肃纪，远近望之，隐然有虎豹在山之势，英风劲气，振江南庸庸之士风，而濯之以清冷之水者，其功安可诬也。

说他们在十几岁时就知道海瑞是当代伟人，万代瞻仰的人物。海瑞做了多年大官，可是生活朴素，头发白了，没剩什么粮食，也没剩什么钱。做巡抚作为像烈火，像秋霜，打击豪强，有权势的人安分了，禁绝贪污，老百姓可以喘一口气了。兴修水利，贯彻一条鞭新法，这些好事，到现在地方上的老老小小都还想念他。听说海都堂又来了,人们互相告诉,非常喜欢。在南京,他禁止送礼,裁革奢侈,带头节俭,做出榜样,整顿纪纲,远近的人看着,有虎豹在山之势,英风劲气,像一股清冷的水,把江南庸庸碌碌的士风都改变了。这样的功绩,谁能抹杀?

房寰的攻击海瑞,把朝野的人都气坏了。想不到人世间有不识廉耻像房寰这样的人!

据后来另一营救海瑞的徐常吉的揭发,弹劾海瑞的房寰是什么样人呢?官是提学御史(管教育的监察官),人呢?是个大贪污犯。海瑞看到南京官员作风拖拉,偷懒,很不像话,下决心整顿,依明太祖的规矩,把一个犯规的御史打了一顿。御史们怕极了,想法子要赶走这个厉害上司。房寰借出外考试学生的机会,让儿子和亲家大收贿赂,送钱多的就录取,名声极坏。怕海瑞弹劾,先下手为强,就带头反对海瑞,造谣造得简直不像话。

乡官(退休居乡的官僚)是反对海瑞的,因为乡官恨他为百姓撑腰,强迫乡官把侵占的田地退还百姓。

大地主是反对海瑞的,因为海瑞一辈子贯彻一条鞭法,依新法,徭役的编派,人丁居四分之一,田粮居四分之三,农民人口多,大地主田地多,这样就减轻了贫农和中农的负担,大地主占地多,按地完粮,负担自然相应加重了,这怎么能不恨?海瑞一辈子主张清丈,重新丈量田地,把大地主少报的隐瞒的田地都清查出来了,要按地纳税,这怎么能不恨?

现任官员也不满意海瑞,因为赋役银两实行官收官解以后,省去一道中间剥削，百姓虽然得些便宜，衙门里却少了一笔收入了，连北京的户部（管税收、财政的部）也很不高兴。海瑞坚持"此事于各衙门人诚不利，于百姓则为甚利"。至于禁止贪污、送礼，直接损害了现任官员们的利益，那就更不用说了。

从嘉靖（世宗）后期经隆庆（穆宗）到万历前期，从海瑞做官之时起，一直到死，这三十多年间，朝廷的首相是严嵩、徐阶、李春芳、高拱、张居正等人，除了严嵩是个大奸臣，李春芳庸庸碌碌以外，其他三个都是有名的宰相，尤以张居正为最。

严嵩不必说了，这个人是不会喜欢海瑞的，其他三个名相为什么也反对这个好官清官呢？

徐阶是严嵩的政敌，是他指使一批中级官员把严家父子参倒的，是他取严嵩地位而代之的。因为搞垮严嵩，很得人心。嘉靖帝死后，他又代草遗诏（遗嘱），革去嘉靖帝在位时一些敝政，名誉很好。但是，这人正是海瑞所反对的乡愿，凡事调停，自居中间，逃避斗争，不肯批评人，遇风转舵，做事圆滑，总留有后路，不肯负责任做好事，也怕坏事沾了边，好比中药里的甘草，什么病都可加上一味，治不好，也坏不了。正因为这样，才能保住禄位，严嵩挤他不掉。也正因为这样，官员们学了样，成为风气。海瑞痛恨这种作风，曾经多次提出批评意见。

当海瑞因批评嘉靖帝而坐牢的时候，嘉靖帝很生气，迟疑了好久，和徐阶商量，徐阶说了些好话，算是保全了海瑞的生命。嘉靖帝死后，海瑞立刻被释放，仍旧做户部主事，不久调兵部，又改任尚宝司丞（管皇帝符玺的官），大理寺丞（管审判的官），升南京右通政（管接受文件的官），外任为应天巡抚。

徐阶草遗诏改革敝政，是件好事，但是没有和同官高拱商量，高拱很有意见。又有人弹劾高拱，高拱以为是徐阶指使的，便两下里结了仇。公元1567年有个御史弹劾徐阶的弟弟和儿子都是大恶霸，有凭有据，海瑞没有搞清楚，以为是高拱指使，故意陷害徐阶，便和其他朝臣一样，给皇帝写信大骂高拱，要求把他罢斥。不久，高拱就免职了。高拱以后又回来做首相，对海瑞当然痛恨。

徐阶年纪太老，又得罪了当权的太监，1568年7月告老还乡。上一年冬天海瑞到南京，1569年6月任应天巡抚。经过近两年的调查研究，他明白自己偏听偏信，徐阶被弹劾的罪状是确实的。徐家有田四十万亩，是江南第一大地主，徐阶的弟弟和儿子都是人民所痛恨的大恶霸，大部分田地都是侵占老百姓的。他一上任就接到无数告徐家的状子，便立刻下令退田。徐阶也知道海瑞不好惹，勉强退出一部分，海瑞不满意，亲自写信给徐阶，一定要退出大半，才能结案。

徐阶虽然很看重海瑞，但是强迫退田，刺痛了心，恨极了。家人作恶，都有罪证，案是翻不了的。千方百计，都想不出办法，又忍不了这口气。最后有人出主意，定下釜底抽薪之计，派人到北京，走新的当权太监的门路，又重贿了给事中（管弹劾的官）嘉兴人戴凤翔，买他出头弹劾海瑞。戴凤翔家也是地主，亲戚朋友中一些人正在怕海瑞强迫退田。这一来，内外夹攻，戴凤翔弹劾海瑞支持老百姓,凌虐缙绅,形容老百姓像虎像狼,乡官像鱼像肉,被吃得很惨,"鱼肉缙绅"的罪状,加上有内线做主,硬把海瑞赶出了巡抚衙门。

也正是海瑞任应天巡抚这一年,高拱在年底被召还入内阁(拜相),第二年升次相,1571年5月首相李春芳退休,高拱任首相。

1572年6月,高拱罢相,张居正任首相。

在徐阶和高拱的政治斗争中,海瑞对这两个人的看法是不正确的,对徐阶只看到他好的一面,对高拱呢,恰好相反,没有看到他好的一面。许多年后,海瑞自编文集,在骂高拱的信后附记:"一时误听人言,二公心事均未的确。"改变了对两人的看法,也承认了自己的错误。

1572年张居正做了首相,一直到1582年病死为止。

张居正是1567年2月入阁的。1569年海瑞在应天巡抚任上时,他在内阁中是第三名,对海瑞的行政措施不很赞成。虽然张居正在贯彻一条鞭法这一方面和海瑞一致,但是,用行政命令强迫乡官退田,却不能同意。写信给海瑞说:吴中不讲三尺法已经很久了,你一下子要矫以绳墨,当然他们受不了,谣言沸腾,听的人都弄糊涂了。底下说他不能帮什么忙,很惭愧。意思是嫌海瑞太性急,太过火了。1577年张居正父亲死了,按封建社会礼法,是必须辞官回家守孝的,他不肯放弃权位,叫人说通皇帝,照旧在朝办事,叫作"夺情"。这一来激怒了那些保卫封建礼法的正人君子们,认为是不孝,纷纷抗议。海瑞名气大,又敢说敢为,虽然远在广东琼州,苏州一带的文人们却假造了海瑞反对张居正的弹劾信,到处流传。到后来虽然查清楚和海瑞无关，张居正却也恨极了海瑞。有人建议重用海瑞，他都反对。

尽管如此，高拱对海瑞的评论说：海瑞做的事，说是都好，不对。说是都不好呢？也不对。对他那些过激的不近人情的地方，不加调停（纠正）是不好的。但是，要把他那些改革积弊、为民做主的地方都改掉了，则尤其不可。张居正也说："海刚峰（刚峰是海瑞的字）在吴，做的事情虽然有些过当，而其心则出于为民。"

地主阶级反对海瑞是当然的，例如何良俊，是华亭（松江）的大地主，父亲是粮长，徐阶的同乡。本人是贡生，是个乡官。他家大概也吃过海瑞的苦头，对海瑞是有意见的，说海瑞性既偏执，又不能和人商量（不和大地主商量），喜自用。而且改革太快，所以失败。不说他做的事情好不好，只骂他搞快了。又说海瑞有些疯颠，寡深识，缺少士大夫风度。说海瑞只养得些刁诈之人（贫农、中农），至于数百为群，阗门要索，要索不遂，肆行劫夺。若善良百姓（富农、地主），使之诈人，尚然不肯，况肯乘风生事乎！此风一起，士夫之家，不肯买田，不肯放债，善良之民，坐而待毙，则是爱之实陷之死也。怎能说是善政呢？幸亏海公转任了，此风稍息，但是人心动摇，到今天还没有安定下来。骂他搞糟了。

何良俊的《四友斋丛说》序文写于1569年，正是海瑞任应天巡抚这一年。他写的这几条批评，按语气应在1570年和1571年，书大概是这年以后刻的。他尽管站在大地主立场，骂了海瑞，但毕竟不能不说几句公道话："海刚峰不怕死，不要钱，真是铮铮一汉子！"又说："前年海刚峰来巡抚，遂一力开吴淞江，隆庆四年、五年（1570、1571）皆有大水，不至病农，即开吴淞江之力也。非海公肯担当，安能了此一大事哉！"松江一带乡官兼营工商业，海瑞要加以限制，何良俊认为"吾松士大夫工商不可谓不众矣，民安得不贫哉！海刚峰欲为之制数度量，亦未必可尽非"。

海瑞也还有几个支持他的朋友，一个是1565年入阁的李春芳，第二年升次相，1568年任首相。海瑞疏浚吴淞江和救灾等工作都曾得到李春芳的支持。另一个是朱衡，从任福建提学副使时，就很器重海瑞，后来做吏部侍郎（管铨叙官吏的副部长）推荐海瑞做兴国知县，户部云南司主事；到做了工部尚书（管建筑工程的部长），还支持海瑞大搞水利。一个是陆光祖，海瑞从兴国知县内调，就是他当吏部文选司郎中（吏部的司长）时的事。

在海瑞闲居家乡的时候，有些支持他的人，纷纷建议起用。这些人虽然不一定是他的朋友，但在事业上可以这样说，是同情和崇敬海瑞的。

海瑞是同官僚地主作斗争的。既然如此，为什么官僚地主中又有人称赞他呢？这一方面是由于海瑞在人民中间的威望，一方面也是由于海瑞的斗争究竟还没有突破封建制度所能容许的限度。海瑞在主观上和客观上都还是忠君爱国的，所以何良俊说："海刚峰之意无非为民，为民，为朝廷也。"他和官僚地主有矛盾的一面，但也有一致的一面，因之，有些官僚地主们在大骂、排挤、攻击之后，也还是说海瑞一些好话。

斗争的一生

海瑞的一生是斗争的一生,他反对坏人坏事,不屈不挠,从不灰心丧气,勇敢地把全生命投入战斗。

海瑞,广东琼山人。先世是军人。祖父是举人,做过知县。父亲是廪生,不大念书也不大理家的浪子,在海瑞四岁时便死去了。叔伯四人都是举人,其中一个中了进士,做过御史。

海瑞虽然出生在这样一个官僚家庭,但家境并不好,祖上留下十多亩田地,光收些租子是不够过活的。他母亲谢氏生性刚直严肃,二十八岁死了丈夫,便自己抚育孤儿,做些针线贴补过日子。教儿子读《孝经》《大学》《中庸》这些书。儿子长大了,尽心找严厉通达的先生,督责功课很严格。

这样,海瑞虽然出身于地主阶级,但生活并不宽裕,和穷苦人民接触的机会多,同情贫农、中农,对大地主有反感。另一面,他受了严格的封建教育,遵守封建礼法,在政治上也必然道往古、称先王,维护封建统治阶级的利益。

他不是哲学家,但深受王阳明的影响。当时正是王学盛行的时代,师友中有不少人是王派学者。王学的要点除了主要方面是唯心主义以外,还有提倡知行合一、理论和行动一致的积极方面。海瑞也主张德行属行,讲学属知,德行好的道理也会讲得好,真实读书的人也不肯弃身于小人,知和行绝不是两件事。因此,他一生最恨的是知和行不一致的人,这种人明知是好事而不敢做,明知是坏事而不敢反对,遇事站在中间,逃避斗争,甚至脚踏两头船,一味讲调停,和稀泥。这种人他叫作乡愿,客气一点叫甘草。在《乡愿乱德》一文中说:"善处世则必乡愿之为而已。所称贤士大夫,不免正道、乡愿调停行之。乡愿去大奸恶不甚远。令人不为大恶,必为乡愿,事在一时,毒流后世,乡愿之害如此!"他以为孟子之功,不在禹下,以恶乡愿为第一。到处揭露乡愿的罪状,在坐牢以前,去看同乡翰林院庶吉士王宏诲,痛心地说:"现在医国的只一味甘草,处世的只两字乡愿。"这时候当国的首相便是徐阶。后来他在给徐阶的儿子信里也说:"尊翁以调停国手自许,然调停处得之者少,调停处失之者多。"

在《严师教戒》文章中,他指出批评的好处,要求批评,接受批评:"若人能攻我之病,我又能受人之攻,非义友耶?"自问自答,提出做人的标准,不白白活下去的意义:"有此生必求无忝此生,而后可无忝者。圣人我师,一一放而行之,非今所竞跻巍科,陟脁仕之谓也。……入府县而得钱易易焉,宫室妻女,无宁一动其心于此乎?昔有所操,今或为恔恔者一易之乎?财帛世界,无能屹中流之砥乎?将言者而不能行,抑行则愧影,寝则愧衾,徒对人口语以自雄乎?质冕裳而有媚心焉,无能以义自亢乎?参之衣狐貉而有耻心焉,忘我之为重乎?或疢中而气馁焉,不能长江大河,若浩

— 186 —

然而莫御矣乎？小有得则矜能，在人而忌，前有利达，不能无竞心乎？讳己之疾，凡有所事，不免于私己乎？穷天地、亘古今而不顾者，终亦不然乎？夫人非无贿之患，而无令德之难。于此有一焉，下亏尔影，上辱尔先矣。天以完节付汝，而汝不能以全体将之，亦奚颜以立于天地间耶？俯首索气，纵其一举，而终己于卿相之列，天下为之奔趋焉，无足齿也。呜呼！瑞有一于此，不如此死！"大意是："人不要白活着，要照着圣人的话，一一学着做。不白活着并不是说要中高科，做大官。你到了府县衙门，弄钱很容易，好房子，美丽的妇女，你会动心吗？从前怎么说的，会动摇吗？钱财世界，你挺得住吗？或者只会说可不会做，白天看自己的影子，晚上在床上都觉得惭愧，只会对人说空话充好人？看见大官想巴结，在穿狐皮袍子的人群中觉得自己寒碜，心虚气馁，说的话不成气派；小有成绩便骄傲起来，别人做了顺利的事，便想抢先；掩盖自己的毛病，干什么都存私心；顶天立地的事业，想也不肯想，要知道没钱不是毛病，没德才是毛病！这些事只要有这么一条，便对不住自己，也对不住祖先！上天生你这个人是完全的，但是你把它弄残缺了，毁了自己，你还有脸活在天地间吗？做了这些事，即使做到卿相，天下人都为你奔走，也是不值得的。唉！我要是犯了以上任何一条过错，还不如死的好。"这是他在做县学教谕时对学生的教约，此后几十年，他的生活、行事都一一照着检查自己，照着做，没有一句话没有做到。

他是个唯心主义者，认为"君子之于天下，立己治人而已矣。

立己治人孰为之？心为之，心自知之。若得失，心自致之。虽天下之理无微不彰"。在教学上学王阳明，把"训蒙大意"作为教育方针，在行政措施上，也采用了王阳明的保甲法。

中了举人以后，做福建南平县学教谕（校长），主张学校是师长教学生的地方，教师有教师的尊严，不该向上官磕头。提学御史到学校来了，别的人都跪下，只有他站在中间，像个笔架，以后得了外号，叫"笔架博士"。

升任浙江淳安知县，反对大地主。

淳安山多地少，地方穷苦。地主往往有三四百亩的田产，却没有分毫的税，贫农收不到什么粮食，却得出百十亩的税差。由之富的愈富，穷的就更穷了。徭役也是十分繁重，每丁少的出一两二钱银子，多的要十几两，弄得"小民不胜，惟悴日甚"。解决的办法是清丈，根据实有土地面积，重新规定赋役负担；是均徭，均是按照负担能力分配，按力量多少分配，没有力量就不要负担了。这样，农民的负担才减轻了些，地主们可不乐意了。

此外，他还做了不少事，改革了许多敝政。几年后，他总结经验，把这些措施编成一部书，叫作《淳安政事》。

特别传诵一时的有两件事。

一件是拿办总督胡宗宪的公子。这位少爷路过淳安，作威作福，吊打驿吏。海瑞没收他带的大量银子，还报告胡总督说：此人冒充总督公子，胡作非为，败坏总督官声。弄得胡宗宪哭笑不得，只好自认倒霉。

一件是挡了都御史鄢懋卿的驾。鄢懋卿是严嵩的党羽，以都御史奉命出来巡查盐政，到处贪污勒索，还带着小老婆，坐五彩舆，地方疲于供应。海瑞捡了鄢懋卿牌告上两句照例官话，说淳安地方小，容不下都老爷的大驾。牌告说："素性俭朴，不喜逢迎。"但是听到你以前所到地方，铺张供应，并不如此。怕是地方官瞎张罗的缘故。一封信把鄢懋卿顶回去，绕道过去，不来严州了。

连总督、都御史都敢惹，海瑞的名声逐渐传开了。封建时代的老百姓是怕官的，更怕大官。如今居然有不怕大官，敢顶大官的小官，敢替老百姓撑腰说话的小官，这个官自然就得到老百姓的爱戴了。

加上，海瑞很细心，重视刑狱，审案着重调查研究，注意科学证据和人情事理，几年中平反了几件冤狱。上官因为他精明，连邻县的疑难案件也调他会审了。这些案件的判决书后来都收在文集里，小说家剧作家选取了一些，加以渲染，几百年来在舞台上为人民所欣赏。《大红袍》《小红袍》《生死牌》《五彩舆》和一些公案弹词在民间流传很广，叫作公案小说。也正因为公案小说的流传，海瑞在政治上的作为反而被公案所掩盖了。

因为得罪了胡宗宪、鄢懋卿，虽然治理淳安的政绩很好，还是被排挤调职。1562年海瑞升嘉兴通判，鄢懋卿指使党羽弹劾，降职为江西兴国知县。

在兴国一年半，办了不少好事，清丈了田亩，减少了冗官，减轻了人民的负担。其中最快人心的事是反对乡官张鏊。

张鏊做过兵部尚书，在南昌养老享福。张鏊的侄子张豹、张魁到兴国买木材,作威作福,无恶不作。老百姓气苦得很。海瑞派人传讯,他们倚仗叔父威势,不肯来。一天忽然又跑到县衙门大闹。海瑞大怒,拿下张豹,送到府里,反而判处无罪。张鳌出面写信求情,海瑞不理。张鳌又四处求情设法,这两个坏蛋居然摇摇摆摆回家去了。海瑞气极,写信向上司力争,终于把这两个坏蛋判了罪。

1564年海瑞做了京官,户部云南司的主事。(户部按布政使司分司,云南司是管这一政区的税收的。)

两年以后,他弄清了朝廷的情况,写信给嘉靖帝,提出严厉批评,指斥皇帝迷信道教,妄想长生,二十多年不上朝,自以为是,拒绝批评,弄得君道不正,臣职不明,吏贪将弱,暴动四起。你自号尧斋,其实连汉文帝也赶不上。嘉靖帝看了,气得发昏,丢在地下,想了又想,又捡起来看,觉得说中了毛病。叹口气说:"这人倒比得上比干,只是我还不是纣王啊!"

海瑞早就准备好后事,连棺材都托人买了。嘉靖帝一听说这样,倒愣住了。不过后来还是把他关在牢里。嘉靖帝死后,海瑞被释出狱。

1569年6月,海瑞以右佥都御史巡抚应天十府。应天十府包括现在江苏安徽两省大部分地方,巡抚驻在苏州。

海瑞投身到一场激烈的斗争中,他要对大地主,对水灾进行斗争。

这一年江南遭到严重水灾,夏秋多雨,田地被淹,粮食涨价,农民缺粮逃亡,情况很不好。

江南是鱼米之乡,号称全国最富庶的地方。但实际上百姓生活很困苦,因为历史的关系,粮、差的负担特别重,加上土地集中的现象这二十年来特别显著,大地主占有的土地越多,人民的生活便越困苦。特别是松江,乡官田宅之多、奴仆之众,两京十二省找不出第二个。一上任,告乡官夺产的老百姓就有几万人。"二十年来,府县官偏听乡官、举人、监生,民产渐消,乡官渐富。"真是苦难重重,数说不完。

怎么办?一面救灾,一面治水。

怎么办?要大地主退田,还给老百姓;贯彻一条鞭法。

救灾采工赈办法,把赈济和治水结合起来。闹灾荒粮食不够吃,请准朝廷,把应该解京的粮食留下一部分当口粮。闹水的原因,经过亲自勘察,是多年来水利不修,吴淞江淤塞了,太湖的水排不出去,一遇特大雨量,便泛滥成灾,得立刻疏浚。说做就做,趁冬闲开工,他坐上小船,到处巡视督工,灾民一来上工有饭吃,二来工程搞好可以解决水患,变为水利,热情很高,进度很快,不到一个月就完工了。顺带地把吴淞江北面常熟的白茆河也疏浚了。这两项工程对人民,对生产好处很大。并且用的钱都是海瑞从各方面张罗来的,没有加重人民负担。以此,人民很喜欢,很感激。

这样,他战胜了灾荒,也兴修了水利。

最困难的还是限制大地主的过分剥削。要大地主退还侵占农民的田地,等于要他们的命;不这样做,农民缺地无地,种什么,吃什么?海瑞采用了擒贼先擒王的办法,先从松江下手,先拿江南最大的地主乡官徐阶兄弟做榜样,勒令退田。这一来,乡官和大地主害怕了，着慌了，有的逃到外州县躲风头，有的只好忍痛退田。李贽记载这一件好事，加以总结，赞扬说："海瑞卵翼穷民，而摧折士大夫之豪有力者，小民始忻忻有更生之望矣！"老百姓有活路了，大地主们却认为是死路。好事才开头，便被徐阶釜底抽薪，海瑞罢职了。贼没全擒到，反而丢了官，这是海瑞所没有预料到的，也是封建社会统治阶级利益所决定的必然的下场。

　　解决人民生活问题的关键，在海瑞看来，无过于贯彻执行一条鞭法。这个办法不是海瑞创始的，已经有好几十年历史了，并且各地办法也不尽相同。主要的方面是把过去田赋的各项各款，均徭、力差、银差、里甲等都编在一起，通计一省丁、粮，通派一省徭役，官收官解，除秋粮以外，一律改折银两交纳。简言之，就是把复杂的赋役制度简化了，把实物赋税的大部分改为货币赋税。这个办法不只可以减轻农民的负担，还可以增加国家的收入，并且，在经济发展过程中也是有进步意义的。例如过去南粮北运，由于当时交通困难，运费由农民负担，往往超过正税很多，现在改折银两，省去昂贵的运输费用，人民的负担也就相应减轻了。又如徭役，实行新法以后，不问银差、力差，只要交了钱，由官府雇工应差，农民也就可以安心生产，不再受徭役的挂累了。这样做，对生产的促进是有好处的。只是对大地主不大好，因为按照新法，大地主有些地方的负担，不是减轻，而是加重了，反对的意见很多。海瑞不顾地主们的反对，坚决执行，终于办成了。成绩是田不荒了，人不逃了，钱粮也不拖欠了，生产发展了。当时的人民很高兴，很感激。后来史家的记载也说:"行条鞭法,遂为永利。"

应该指出,一条鞭法并不是摧毁封建剥削制度的办法。但是,这个办法简化了项目和手续,比较地平均了土地的负担,特别是减轻了贫农、中农和城市平民的某些负担,对生产的发展是有益的,因而,也是有民主意义和进步意义的。因此,海瑞是当时人民心目中的好官,是历史上有地位的政治家。

海瑞只做了七个月巡抚,便被大地主阶级撵下台,在家乡闲居了十六年。

万历十年(1582)六月,张居正死。万历十三年,海瑞已经七十二岁了,被荐任用为南京都察院右佥都御史,还没到任,又调任南京吏部右侍郎。照一般道理说,七十多岁的老人该退休了,但是,他想了又想,好容易才有着实做一点事的机会,虽然年纪大了,精力差了,还是一股子干劲,高高兴兴到南京上任。

明朝体制,南京是陪都,虽然也和北京一样,有五府、六部、都察院等衙门,但不能决定国家大政,是安排年老的和政治上失势官员的地方,比较清闲。海瑞却并不因为闲官就无所作为,一到职就改革敝政,把多年来各衙门出票要街道商户无偿供应物品的陋规禁止了。他说:"要南京五城的百姓,负担南京千百个官员的出入用度,难怪百姓苦了!吏部是六部之首,怎么能不先想到百姓?"

当时贪污成为风气,严嵩父子虽然垮了,但从宫廷到地方,依然贿赂公行,横征勒索。海瑞一辈子反对贪污,从做教官时起,就禁止学生送礼,做县官革去知县的常例(摊派在田赋上补贴县官的陋规，一种合法的贪污）。拒绝给上官行贿，有人劝他随和一些，他愤然说："全天下的官都不给上官行贿，难道就都不升官？全天下的官都给上官行贿，又难道都不降官？怎么可以为了这个来葬送自己呢？"又说："充军也罢，死罪也罢，都甘心忍受。这等小偷行径，却干不得！"知县上京朝觐，照例可以从里甲、杂项摊派四五百两银子以至上千两银子，以便进京行贿，京官把朝觐年看成是收租的年头。海瑞在淳安任上两次上京，只用了路费银四十八两，其他一概裁革。做巡抚时，拒绝人家送礼，连多年老朋友送的人情也婉言谢绝。做了多年官，过的依然是穷书生的日子。在淳安，有一天买了两斤肉，为他母亲过生日，总督胡宗宪听见了，大为惊奇，当作新闻告诉人。罢官到京听调，穿的衣服单薄破烂，吏部的熟人劝他，才置了一件新官服。祖上留下十多亩田地，除了母亲死时，朋友送一点钱添置一点墓田以外，没有买过一亩地。买了一所房子，用银一百二十两，是历年官俸的积余。死前三天，兵部送来柴火银子，一算多了七钱银子，立刻退回去。死后，同官替他清点遗物，全部家财只有薪俸银一百五十一两（一说只有十多两），绫、绸、绢各一匹，连丧事都是同官凑钱办的；看见这种情景，人们都忍不住掉下眼泪。

　　海瑞一生积极反对贪污，反对奢侈，主张节俭，生活朴素，是言行一致的极少见的清官。他恨极了贪官污吏，认为这是人民遭受苦难的根源，要根绝贪污，非用重刑不可。相反，像过去那样，准许贪污犯用钱赎罪，是解决不了问题的。建议恢复枉法赃满八十贯

（千）处绞的法律。还提到明朝初年，严惩贪污，把贪污犯剥皮的故事。这一来，贪官污吏恐慌了，着急了，生怕海瑞剥他们的皮，联合起来，反对海瑞。

升任都察院右都御史以后，海瑞整顿纪纲，援引明太祖时的办法，用板子打御史。贪污犯房寰怕海瑞揭发，弹劾海瑞，把海瑞骂得不像人，引起了三进士的抗议。攻击的和为海瑞申雪的人吵开了，统治阶级内部发生严重争论，当国的宰相呢，依然是徐阶的手法，两面都不支持，也不得罪，不参加斗争，希望"调停"了事。最后，房寰的贪污事实被全盘揭露，遮盖不得了，才把他免职，这已经是海瑞死后的事了。

明末人谈迁记这场争论说："时人大为瑞不平，房寰今传三世而绝。"说房寰绝后是因为做了坏事。这虽然是迷信的说法，但是也可以看出当时和以后，有正义感的知识分子是同情海瑞，支持海瑞，歌颂海瑞的。

从当教官时不肯跪接御史时起，一直到建议严惩贪污，海瑞度过了他斗争的一生。

他反对乡官、大地主的兼并；反对严嵩、鄢懋卿的败坏国事，也反对徐阶的"调停""圆融"；他反对嘉靖帝的昏庸，只求无望的长生，不理国家政事；也反对地方官的额外需索，增加人民痛苦；他反对奢侈浪费；反对乡愿，总之，他反对坏人坏事。虽然他所处的是那样一个时代，还是坚持自己的信念，不屈不挠地斗争到死。

当时人对他的看法，不是说他做得全不对，而是说过火了一些，做过头了，偏了，矫枉过直了！他不同意，反而说就是要过火，就是要过直，不如此，风气变不过来。在给人的信中说："矫枉过直，古今同之。不过直，不能矫其枉。然生之所矫者，未见其为过直也。"而且："江南粮差之重，天下无有，古今无有。生至地方，始知富饶全是虚名，而苦楚特甚。其间可为百姓痛哭，可为百姓长太息者，难以一言尽也。"这种情况，光是要大地主退还一点非法侵占的田地，又怎么能说是过火，过直呢？应该说是不够，而不是什么过直。就当时当地的情况说，就当时苦楚特甚，可为痛哭，可为长太息的百姓说，过直应该是好得很，而不是糟得很。

当时农民暴动已经发生了。他把农民暴动的原因，明确指出是因为官坏："广寇大都起于民穷，民穷之故多端，大抵官不得其人为第一之害。"慨叹地说："今人居官，且莫说大有手段，可为百姓兴其利，除其弊。只是不染一分一文，禁左右人不得为害，便出时套中高人者矣。"把对官的要求降低到不求做好事，只要不做坏事，不贪污，也就难得了。又说："今人每谓做官自有套子，比做秀才不同，不可苦依死本。俗人俗见，谬妄之甚！区区惟愿……执我经书死本，行己而已。如此不执，虽熟人情，老世故，百凡通融，失己失人，全无用处。"痛斥当时的社会风气，在思想上进行坚决的斗争。

当然，光是执我经书死本，说往古，道先王，是解决不了当前的问题的。要求官吏不落时套，不做坏事，不贪污，不讲人情世故，不百凡通融，而不从社会的根本变革出发，也是不可能成功的。同样,不改变生产关系,简单地要求大地主退还侵占农民的部分田地,少剥削些,农民的苦楚减轻一些,无论事实上做不到,即使做到了,也还是封建的剥削的社会,地主剥削农民的关系依然不变,问题还是没有解决,也是不可能解决的。在当时情况下,这是不可能解决的社会矛盾。海瑞虽然感觉到问题严重,必须坚决地和坏人坏事进行斗争,但是,他没有也不可能从本质上认识和解决这个矛盾。这是时代的矛盾,也是海瑞被大地主阶级的代表们所排挤、攻击,而又取得另一部分地主阶级同情、支持的道理。

海瑞是封建统治阶级的左派,和右派及中间派进行了长期的斗争。尽管遭受多次失败,有时候很愤慨,说出了"这等世界,做得成甚事业!"的气话。但在闲居十六年以后,有重新做事业的机会,他又以头童齿豁的高年参加了。不气馁,不服老,不怕挫折,真是"铮铮一汉子"。

海瑞的历史地位

海瑞在当时,是得到人民爱戴,为人民所歌颂的。

他反对贪污,反对奢侈浪费,主张节俭,搏击豪强,卵翼穷民,主持清丈田亩,贯彻一条鞭法,裁革常例,兴修水利,这些作为对农民,特别对贫农、中农是有利的。农民爱戴他,歌颂他是很自然的。他对城市人民,主要是商户,裁减里甲负担,禁止无偿供应物品等,这些措施对减轻城市工商业者的负担,是有好处的。城市人民爱戴他,歌颂他,也是很自然的。此外,他还注意刑狱,特别是人命案件,着重调查研究,在知县和巡抚任上,都亲自审案,处理了许多积案,昭雪了许多冤狱。对农民和地主打官司的案件,他是站在农民一边的。海知县、海都堂是当时被压抑、被欺侮、被冤屈人们的救星。他得到广大人民的称誉、赞扬,被画像礼拜,被讴歌传颂,死后送丧的百里不绝。他的事迹,主要是审案方面的故事,一直到今天,还流传在广大人民中。

尽管海瑞在他的时代,曾经遭受攻击、排挤、辱骂,坐过牢,丢过官,但是,就封建统治阶级内部来说,他也还是被一部分人所歌颂的,赞扬的。不只是有些青年人仰慕他,以为是当代伟人,连某些反对他的人,大地主阶级的某些代表人物,如高拱、张居正、何良俊等人,都不能不对他说一些好话。死后,被谥为忠介,皇帝派官祭奠,祭文里也说了一大堆赞扬肯定的话。当时的史家何乔远、李贽都写了歌颂他的传记。清修《明史》也把他列入大传,虽然说他行事不能无偏,有些过火,但又说他从做知县一直到巡抚,做的事用意主于利民,也是肯定的。

海瑞在历史上是有地位的。

这样的历史人物,从今天来说,建设社会主义的新时代,该不该肯定,该不该歌颂?

答案是应该肯定,应该歌颂。

评价历史人物，应该从当时当地的情况出发，应该从这个人的作为是否有利于当时的人民、当时的生产出发。从以上的分析，从明朝嘉靖到万历初期这几十年间，从当地，海瑞做过官的地区，江苏、安徽、浙江、江西、福建，那时代那地区的人民，以至更广大地区的人民，是爱戴、歌颂海瑞的。反对他的人也有，只是极少数的大地主大官僚。他的主张和措施，有利于当时人民，有利于当时生产，而不利于某些大地主的兼并，不利于某些大地主的逃避赋役，转嫁给穷苦人民的恶劣勾当。

为广大人民所爱戴、歌颂，为少数大地主大官僚所攻击、反对，这样的人物，难道还不应该为我们所肯定，所歌颂吗？

我们肯定、歌颂他一生反对坏人坏事；肯定、歌颂他一生反对贪污，反对奢侈浪费，反对乡愿；我们肯定、歌颂他一生处处事事为百姓设想，为民谋利；我们肯定、歌颂他一生不向困难低头，百折不挠的斗争精神；我们肯定、歌颂他一生言行一致，里外如一的实践精神。这些品质，都是我们今天所需要学习和提倡的，而且只有社会主义时代，这些品质才能得到充分的发扬，虽然我们今天需要的海瑞和封建时代的海瑞在社会内容上有原则的不同。

在今天，建设社会主义社会的今天，我们需要站在人民立场、工人阶级立场的海瑞，为建成社会主义社会而进行百折不挠斗争的海瑞，反对旧时代的乡愿和今天的官僚主义的海瑞，深入群众、领导群众、鼓足干劲、力争上游的海瑞。

这样，封建时代的海瑞，还是值得我们今天学习的。

但是，绝不能也不许可假冒海瑞，歪曲海瑞。海瑞是为当时人民办好事的，一生反对坏人坏事，从没有反对过好人好事。即使在徐阶和高拱的斗争中，他没搞清楚，对徐阶只看到好的一面，不知道他坏的一面，对高拱只知道他的缺点，没有弄明白他的政治品质好的一面，作了错误的支持和抨击。但是，几年以后，弄清楚了，就自己检查，承认了错误，并且在行动上改正了这个错误。

今天有些人自命海瑞，自封"反对派"，但是，他们同海瑞相反，不站在今天人民方面，不站在今天的人民事业——社会主义事业方面，不去反对坏人坏事，却专门反对好人好事，说这个搞早了，搞快了，那个搞糟了，过火了，这个过直了，那个弄偏了，这个有缺点，那个有毛病，太阳里面找黑子，十个指头里专找那一个有点毛病的，尽量夸大，不及其余，在人民群众头上泼冷水，泄人民群众的气。这样的人，专门反对好人好事的人，反对人民事业的人，反对社会主义事业的人，不但和历史上的海瑞毫无共同之点，而且恰好和当年海瑞所反对而又反对海瑞的大地主阶级代表们的嘴脸一模一样。广大人民一定要把这种人揪出来，放在光天化日之下，大喝一声，不许假冒！让人民群众看清他们的右倾机会主义的本来面目，根本不是什么海瑞！

这样看来，研究海瑞，学习海瑞，反对对于海瑞的歪曲，是有益处的，必要的，有现实意义的。

1959 年 9 月 17 日

况钟和周忱

一、从《十五贯》说起

1956年浙江昆苏剧团上演了改编的昆曲《十五贯》之后，各地其他剧种也纷纷改编上演，况钟这个封建时代的好官，逐渐为成千上万的观众所熟识了。这戏中另一个好官周忱，是况钟的上司和同乡，也被赋予和况钟不同的性格，成为舞台上的人物。

《十五贯》成功地塑造了况钟这个历史人物，刻画了他的性格、思想感情。他通过具体分析，进行现场调查研究，得出正确结论，终于纠正了主观主义、官僚主义的错误判断，平反了冤狱，为人民办了好事。这个戏形象地突出了反对主观主义、反对官僚主义这个主题，是具有现实的教育意义的，是个好戏。

但是，《十五贯》这个故事，其实和况钟并不相干。

《十五贯》的故事出自《宋元话本》的《错斩崔宁》，大概是宋朝的故事。明朝末年，有人把这故事编在一部书里，题名为《十五贯戏言成巧祸》，清初的戏剧家朱素臣又把它改编为《十五贯传奇》。现在上演的本子，是根据朱素臣的本子改编的。从故事改编的发展来说，一次比一次好，迷信成分去掉了，复杂的头绪减少了，人物的形象更典型了，深刻了，也就更生动了；艺术感染力量更强烈了；教育主观主义、官僚主义者的效果也就更好了。

那么，问题就来了，《十五贯》既然是宋朝的故事，况钟却是明朝人，从宋末到明前期，相差有一百几十年，为什么戏剧家一定要把这故事算在况钟名下呢？

这是因为况钟的确是历史上的好官，也的确替当时负屈的老百姓申过冤，救活了不少人命，在当时人民中威信很高。其次，朱素臣是苏州人，对《十五贯》的故事和况钟这个人物的传说都比较熟悉。戏剧家为了集中地突出故事情节，集中地突出历史人物，把民间流传已久的《十五贯》故事，和当时民间极有威望的好官况钟结合起来，一方面符合人民对于清官好官的迫切要求，一方面也反映了一定时期的历史情况，是完全可以允许的艺术处理。

正因为如此，这故事不但得到广大人民的喜爱，连况钟的子孙也认为确有其事了。况钟九世孙况延秀编的《太守列传编年》上说：

> 折狱明断，民有奇冤，无不昭雪。有熊友兰、友惠兄弟冤

狱，公为雪之，阖郡有包龙图之颂，为作传奇，以演其事。惜一切谏断，不能尽传于世。

二、况青天

封建时代的官僚，被人民表扬为青天，是很不容易的事。

由于封建统治阶级一贯剥削、虐待人民，和人民对立，老百姓在平常时候，是怕官的。老百姓和官的关系是，一要完粮，二要当差，三呢，遭到冤枉要打官司。这三件事都使老百姓怕官，一有差错，就得挨板子、上夹板，受到种种非刑，关进班房，以至充军、杀头等，老百姓怎能不怕？

但是，一到了阶级矛盾十分尖锐，老百姓忍无可忍，团结起来暴动的时候，情况就完全改变了。人民自己已有了武装，也有了班房，那时候，老百姓就不再怕官了，害怕发抖的是官。以此，历史上每次农民起义，矛头总是首先针对着本地的官员，口号总有杀尽贪官污吏这一条。

由于封建统治阶级的统治基础是建立在对广大农民的剥削、掠夺上面的，封建官僚是为了地主阶级利益服务的；一切政治设施的最后目的，都是为了巩固和加强封建统治。这样，也就不难理解在封建官僚的压迫、奴役下，广大人民对于比较清明、宽大、廉洁政治的向往，对于能够采取一些措施，减轻人民负担，申雪人民冤枉的好官的拥护了。对于这样的好官，人民作了鉴定，叫作青天。

也正由于封建时代的青天极少，所以历史上屈指可数的几个青天，也就成为箭垛式的人物，许多人民理想中的好事都被堆砌到他们身上了。像宋朝的包拯，明朝的况钟和海瑞，都是著名的例子。

也还必须指出，尽管历史上出现了几个青天，是当时人民给的称号。但是，也绝不可以由此得出结论，以为青天就是站在人民立场的政治家。不是的，恰恰相反，他们都是为封建统治阶级利益服务的官僚，在这一点上，也和当时其他封建官僚一样，是和人民对立的。不过，由于他们的出身和其他关系，比较接近人民，了解人民的痛苦，比较正直，有远见，为了维持封建统治阶级的长远利益，缓和阶级矛盾，在不损害封建统治阶级的根本利益前提下，有意识地办了一些好事。这些好事是和封建统治阶级的长远利益一致的，也是和被压迫被剥削的广大人民当前利益一致的，对当时的生产发展，对历史的进展有好处的。因此，他们在当时被人民叫作青天，在历史上也就应该是被肯定的，值得纪念的，在某些方面，还是值得今天学习的人物。

况钟（1383—1442），江西靖安人。从1430年起任苏州知府，一直到1442年死在任上，连任苏州知府十三年。

苏州地方殷富，人口稠密，土地集中，人民贫困，阶级关系比较紧张。在况钟以前，做知府的不要说久任，连称职能够做满任期的也没有一个。况钟以后，也还出过几个好官，不过都比不上他这样有名，为人民所爱戴歌颂。

从唐宋以来，封建王朝任命官僚，主要是用科举出身的人，上过学，会写一定格式的诗、文，通过考试，成为叫作进士或者举人的知识分子。一般在衙门里办事的吏（科员），地位很低，只能一辈子做吏，是做不了官的。明朝初期，科举出身的人还不够多，官和吏的区别还不十分严格，以后就不同了。况钟的父亲是一家地主的养子。况钟从小也念过一点书，但没有考上学校。到成年以后，1406年被选作靖安县的礼曹（管礼仪、祭祀一类事务），一直做了九年的吏。他为人干练精明，通达事务，廉介无私，为县官所重视。也正因为他做了多年的吏，直接和人民打交道，不但了解民间痛苦，也深知吏的贪污害民行径，到后来做了官，便有办法来制裁这些恶吏了。

靖安知县和当朝的礼部尚书（管礼仪、祭祀、考试的部长）是好朋友，当况钟做满九年的吏，照例要到吏部（管任免、考核官员的部）去考绩的时候，靖安知县便写信给这个朋友，推荐况钟的才能。礼部尚书和况钟谈了话，也很器重，便特别向皇帝推荐。明成祖召见况钟，特任为礼部仪制司主事，以后升为郎中，一连做了十五年京官。

在这十五年中，况钟和当时许多有名的政治家来往，成为朋友，交换了对政治上的许多看法。其中主要的是江西同乡的京官。在封建时代，交通很不方便，官僚们对同乡是很看重的，来往较多，政治上也互相影响，这种关系称为乡谊，是一种封建关系。况钟的同乡中有许多是当权的大官,有声名的政治家,况钟深受他们的影响,在况钟以后的政治活动中,也得到他们的支持。

明成祖在打到南京,做了皇帝以后,任命七个官员替他管理机密事务,叫作"入阁",后来叫作"拜相"。这七个人中有五个是江西人,其中泰和人杨士奇和况钟关系最深,南昌人胡俨、湖北石首人杨溥也是况钟的朋友。此外,江西吉水人周忱和况钟也很要好。

明成祖死后,三杨当国,三杨就是原来七人内阁中的三个,是杨士奇、杨溥和杨荣。这三人都是有能力的政治家,在他们当国时期,政治是比较清明的。

1430年,明封建王朝经过讨论,为了进一步加强统治,增加财政收入,认为全国有九个大府,人众事多,没有管好,其中特别是苏州府,交的税粮比任何一省都多,政治情况却十分不好,官吏奸贪,人民困苦,欠粮最多,百姓逃亡。要百官保举京官中有能力而又廉洁的外任做知府,来加强控制。礼部和吏部都推荐况钟,首相杨士奇也特荐况钟做苏州知府。为了加大况钟的权力,明宣宗还特别给以"敕书"(书面命令),许以便宜行事,并特许他可以直接向皇帝写报告,提建议。

我国在过去漫长时期是农业国,封建王朝的经济基础是农业。王朝的全部收入百分之九十以上出自农民交纳的粮食,服兵役和无偿劳役的也主要是农民。要是农民交不起粮或者少交粮了,农民大量逃亡外地,不当差役了,便会发生严重的政治危机,危害封建王朝的统治地位。

由于宋元以来的历史发展，东南地区的农业经济大大发展了，显出一片繁荣气象。况钟所处的十五世纪前期，正是明王朝的全盛时期。但是，这个地区的繁荣，这个时期的全盛都只是表面上的，内部却包含着严重的危机。

危机是农民负担过重。

就东南一带而说，农民负担之重居全国第一。这时全国的实物收入，夏税秋粮总数约三千万石，其中浙江一省占二百七十五万多石，约占全国收入十分之一弱。苏州一府七个县却占二百八十一万石，比浙江一省交的粮还多。松江府一百二十一万石，也很重。以苏州而论，垦田数只有九万六千五百零六顷，占全国垦田数百分之一点一，交纳税粮呢，却占全国税收的百分之九点五。

为什么江南地区的农民负担特别重呢？这是因为从南宋以来，由于这一带土地肥沃，经济发展，贵族、官僚用种种方法兼并土地，到了政治局面发生变化，旧的贵族、官僚被推翻了，他们所占有的土地就被没收为官田，经过多次变化，官田就越来越多，民田就越来越少了。到明太祖取得这带地方以后，又把原来的豪族地主的田地没收为官田，并且按私租收税，这样，这带地方的官田租税就特别重了。

民田的租税虽然也很重，但是农民向地主交租，多在本地，当天或者几天就可以来回，一改为官田，不但田租特别重，而且收的粮食要交官了，得由农民运送到指定的仓库交纳。在交通不便的情势下，陆运、水运，要用几个月以至更多时间，不但占用了大量劳动力,不能投入生产,而且交纳一石官粮,往往要用两三石以至四五石的运费,有时候遭风翻船了,或者被人抢劫,都得重新补交,所有这些巨大的运费和意外的赔垫,都要由农民负担,农民怎么负担得起?苏州农民因为官田特别多,负担就特别重。

苏州七个县完纳的二百八十一万石税粮中,民粮只有十五万石,官田田租最重的每亩要交三石粮。官粮中有一百零六万石要远运到山东临清交纳,有七十万石要运到南京交纳,运到临清的每一石要用运费四石,运到南京的也要六斗。这样残酷的剥削使人民无法负担,在况钟到苏州以前,四年的欠粮数就达到七百六十多万石。老百姓完不了粮是要挨板子,坐班房的,农民要活下去,就只好全家逃亡,流离外地了。

占全国税粮近十分之一的苏州,欠粮这样多,人口大量外流,是不能不严重地影响到封建王朝的统治基础的。首相杨士奇提出补救方案:蠲免欠粮,官田减租,清理冤狱,惩办贪官,安抚逃民,特派知府等六项措施。况钟就是在这样情况下,被特派到苏州执行这些措施的。

官田减租是得到明宣宗的同意,用诏书(皇帝的命令)下达全国的。但是,有人认为,减掉了租,就减少了王朝的收入,遭到封建统治阶级内部的反对,没有能够贯彻;蠲免欠粮,也同样行不通。隔了两年,还是没有解决。尽管明宣宗和杨士奇为了缓和阶级矛盾,巩固统治基础,下了极大决心要办,并且严厉申斥户部官员,不奉行减租免粮命令的就要办罪,还是办不了,办不好。

况钟在苏州坚决执行封建王朝的政策，在巡抚周忱的支持下，他多次提出官田减租和蠲免欠粮的具体办法，都被户部批驳不准。况钟并不妥协，坚持要办，一直到1432年3月，才得到批准，减去官田租七十二万一千六百多石，荒田租十五万石，官粮远运临清的减去六十万石，运到南京的改为驻军到苏州自运，连同其他各项。每年减省了苏州人民一百五十六万石的负担，假如连因此而省掉的运费、劳力计算，数目就更大了。这对苏州人民来说，确是一件了不起的大好事，对明王朝的统治来说，也确是起了巩固作用。而且，官田虽然减了一些租，因为不欠粮了，王朝的实际收入比前几年反而增加了。

由于官田田租减轻了，逃民回来后复业的就有三万六千六百多户。人民的生活虽然还是很苦，但是毕竟比过去稍微好了一些，生产情绪也提高了。他们欢欣鼓舞，感谢况钟的恩德，到处刻碑纪念这件好事。

况钟在人民中间的威信日益提高，主要的是他还办了以下这几件事：

第一是惩办贪吏。况钟是从吏出身的，精于吏事。在上任以后，却假装不懂公事，许多吏拿着案卷请批，况钟问他们该怎么办，都一一照批。吏们喜欢极了，以为这知府真好对付，以后的事好办了。况钟在经过充分的调查研究，弄清情况以后，过了一个多月，突然叫官员和吏们都来开会，当场宣读"敕书"，其中有"属员人等作奸害民，尔即提问解京"的话，就问这些吏，那一天你办了什么事，受了多少贿赂，对不对？一一问过，立时杀了六个。官员中有十二个不认真办事，疲沓庸懦的，都革了职。另外有几个贪赃枉法的，拿到京师法办。这一来，官吏们都害怕了，守法了，老百姓也少吃苦头了。人们叫他作青天。

苏州人民好容易有了一个青天，松了一口气。第二年，况钟的继母死了，按封建礼制辞官回家守孝。这一来，苏州的天又黑了，风气又变了，官们吏们又重新做坏事了，百姓又吃苦头了。他们想了又想，都是况钟不在的缘故，三万七千多人便联名请求况钟回来。隔了十个多月，况钟又被特派回到苏州，这一回用不着调查了，立刻把做坏事的官吏们都法办了，天又变好了，况钟更加得到人民的支持。

第二是清理冤狱。苏州有七个县，况钟每天问一个县的案，排好日程，周而复始，不到一年工夫，清理了一千五百多件案子，该办的办，该放的放，做得百姓不叫冤枉，豪强不敢为非，老百姓都叫他是包龙图再世。现在舞台上演唱的《十五贯》，虽然事实上和况钟无关，但确也反映了他在这一方面的工作作风，取得的成绩和威信，是符合历史实际的。

第三是抑制豪强。明朝制度，军民籍贯是分开的，军户绝了，要勾追原籍本家男丁补缺。封建王朝派的清军御史蛮横不讲道理，强迫平民充军，弄得老百姓无处诉冤，况钟据理力争，免掉一百六十个平民的军役，免掉一千四百多平民的世役，只是本身当军，不累及子孙。七县的圩田设有圩长圩老九千多人，大部分都是积年退役（在衙门做过事）的恶霸，这制度和这些人得到大官的支持，为非作恶，况钟不管上官的反对，也把它一起革除了。沿海沿江有些地方的军官，借名巡察河道，劫掠商船，为害商旅，况钟都一一拿办。

第四是为民兴利。苏州河道，淤塞成灾，况钟把它疏浚了，成为水利。人民因粮重贫困，向地主借高利贷，弄得卖儿卖女，况钟想法筹划了几十万石粮食，建立济农仓，每到农民耕作青黄不接的时候，便开仓借贷，每人二石，到秋收时如数偿还，遇有灾荒，也用这粮食赈济。又推广义役仓制度，用公共积累的粮食，供应上官采办物料的赔垫消费，免去中间地主们的剥削和贪污，从而减轻人民的负担。

况钟刚正廉洁，极重视细小事件，设想周密，不怕是小事，只要有利于百姓就做，对百姓有害的就加以改革。兴利除害，反对豪强，扶持良善，百姓敬他爱他，把他看作天神一样。第一次回家守孝，百姓想念他，作歌说：

况太守，民父母，众怀思，因去后，愿复来，养田叟。

又有歌说：

众人齐说使君贤，只剪轻蒲为作鞭，兵仗不烦森画戟，歌谣曾唱是青天。

三年任满,到京师朝见,百姓怕他升官,很担心,到回来复任,百姓又唱道:

太守朝京,我民不宁,太守归来,我民忻哉!

到九年任满,又照例到吏部候升,吏部已经委派了新的苏州知府了,苏州人民不答应,有一万八千多人联名保留况钟,结果,况钟虽然升了官,又回到苏州管知府的事。

况钟做了十三年知府,死的时候,老百姓伤心痛哭,连做生意的也罢市了。送丧的沿路沿江不绝。苏州和七个县都建立了祠堂,画像祭祀,有的人家甚至把他的画像供在家里。

生性俭朴,住的房子没有什么陈设,吃饭也只用一荤一素。做官多年,没有添置过田产,死后归葬,船上只有书籍和日用器物,苏州人民看了,十分感动。做官办事,不用秘书,一切报告文件都亲自动手,文字质直简劲,不作长篇大论,说清楚了就算。在请求官田减租的报告上,直率批评皇帝失信,毫不隐讳。

和巡抚周忱志同道合,他每次有事到南京,上岸时虽然天黑了,周忱也立刻接见,谈到深夜。况钟在苏州办的许多好事是和周忱的支持分不开的,周忱在巡抚任上办的许多好事,也有况钟的贡献在内。

三、周忱

周忱（1381—1453）从1430年任江南巡抚，一直到1451年，前后共21年，是明朝任期最长的封疆大员，最会理财最能干的好官。

他是进士出身，在刑部（管司法、审判的部）做了二十多年的员外郎（官名，专员），不为人所知。直到大学士（宰相）杨荣推荐为江南巡抚、总督税粮，才出了名。

周忱不摆官僚架子，接近人民，倾听群众意见，心思周密，精打细算，会出主意，极会办事，人民很喜欢他。

江南其他各府县，也和苏州一样，欠了很多税粮。周忱首先找老年农民研究，问是什么缘故。农民们说，交粮食照规矩得加"耗"（附加税），因为仓库存的粮食日子久了分量就减少了，加上麻雀老鼠都要吃粮食，这样，就会有耗损。官府把预计必有的耗损分量在完粮时附加交纳，叫作"耗"。但是，地主们都不肯交纳，光勒掯农民负担全部耗损，农民交纳不起，只好逃亡，税粮越欠越多了。

周忱弄清原因，就创立平米法，把完粮附加的耗米，合理安排，不管是地主是农民，都一律负担，又进一步由工部（管工程的部）制定铁斛，地方准式制造，凡是收放粮食都用同一的标准量器，革除了过去大斗进小斗出的弊病。农民交粮，一向由粮长（地主）经手存放运输,制度紊乱,粮长巧立名目,从中取利,农民负担便越发重了。周忱经过细心研究,制定一套办法,大大减少了粮长做坏事的机会,也减少了耗损。又精打细算,改进了粮食由水路运到北京的办法,节省了人力和粮食。把这些节约的粮食和多出的附加耗米单独设仓贮存,叫作余米,逐年积累,作为机动用费。又和况钟举办了济农仓,减免了苏州和其他各府的官田租粮。经过亲自考察,发现松江、嘉定、上海一带的河流淤塞,就用余米动工疏浚,兴办了许多水利工程。通过这些措施,人民负担减轻了,加上遇有天灾,可以得到及时的救济,不但荒年不必逃荒,连税粮也不欠了,仓库富足了,民生也安定了。

周忱遇事留心研究,找出关键问题,提出解决办法,随时改革不适用的旧办法,适应新的情况。他有便宜行事的职权,地方性和局部性的问题,可以全权管理,以此,他在江南多年,先后办了不少好事。

他有良好的工作习惯,每天都记日记,除记重要的事项以外,也记下这一天的气候,阴、晴、风、雨。有一回,有人谎说,某天长江大风,把米船打翻了。周忱说不对,这一天没有风,一句话把这案子破了。又有一回,一个坏人故意把旧案卷弄乱,想翻案。周忱立刻指出,你在某天告的状,我是怎么判决的。好大胆子,敢来糊弄人!这个坏人只好服罪。江南钱粮的数目上千上万,都记得很清楚,随时算出,谁也欺骗不了他。

也有全局观点,对邻近地区遇事支援。有一年江北闹大饥荒,向江南借米三万石，周忱算了一下账，到明年麦子熟的时候，这点粮食是不够吃的，借给了十万石。

1449年10月瓦剌也先败明军于土木（今河北怀来县），明英宗被俘，北京震动。当国的大臣怕瓦剌进攻，打算把通州存的几百万石粮食烧掉，坚壁清野。这时恰好周忱在北京，他极力主张通州存粮可以支给北京驻军一年的军饷，何不就命令军队自己去运，预支一笔军饷呢？这样，粮食保全住了，驻军的粮饷也解决了。

周忱还善于和下属商量办事，即使对小官小吏，也虚心访问，征求意见。对有能力的好官，如苏州知府况钟、松江知府赵豫、常州知府莫愚、同知赵泰等，则更是推心置腹，遇事反复商量，极力支持，使他们能够各尽所长，办好了事。正因为他有这样好的作风，他出的主意，想的办法，也都能通过这些好官，贯彻执行下去。

他从不摆大官架子，有时候有工夫，骑匹马沿江到处走，见到的人不知道他是巡抚。在江南年代久了，和百姓熟了，像一家人一样，时常到农村去访问，不带随从，在院子里，在田野里，和农夫农妇面对面说家常话，谈谈心，问问有什么困难，什么问题，帮着出主意。

周忱最后还是被地主阶级攻击，罢官离开江南。他刚离开，户部立刻把他积储的余米收为官有，储备没有了，一遇到灾荒、意外，又到处饿死人了。农民完不起粮，又大量欠粮了，逃亡了。百姓越发想念他，到处建立生祠，纪念这个爱民的好官。

过了两年，周忱郁郁地死去。

（原载《人民文学》，1960年9月号）